Veronika Pichl

CHIA FOR FIT

Das gesunde Powerkorn

Mit der Chia-Kur zum Abnehmen
und 50 leckeren Chia-Rezepten

Veronika Pichl

CHIA FOR FIT

Das gesunde Powerkorn

Mit der Chia-Kur zum Abnehmen
und 50 leckeren Chia-Rezepten

riva

Bibliografische Information der Deutschen Nationalbibliothek:
Die Deutsche Nationalbibliothek verzeichnet diese Publikation in der Deutschen Nationalbibliografie; detaillierte bibliografische Daten sind im Internet über **http://d-nb.de** abrufbar.

Für Fragen und Anregungen:
info@rivaverlag.de

1. Auflage 2016

Nymphenburger Straße 86
D-80636 München
Tel.: 089 651285-0
Fax: 089 652096

Umschlaggestaltung: Kristin Hoffmann
Umschlagabbildungen: (Vorderseite, v. l. n. r.:) © Susan-B.D. / Fotolia.com (oben), © sarsmis / Fotolia.com, Nadin Schatter, (Rückseite, v. l. n. r.:) © timolina / Fotolia.com, © lieselfuchs / Fotolia.com © Joana Kruse / Fotolia.com, Nadin Schatter
Satz: EDV-Fotosatz Huber/Verlagsservice G. Pfeifer, Germering
Druck: Florjancic Tisk d.o.o, Slowenien
Printed in the EU

ISBN Print 978-3-86883-925-8
ISBN E-Book (PDF) 978-3-95971-263-7
ISBN E-Book (EPUB, Mobi) 978-3-95971-264-4

Weitere Informationen zum Verlag finden Sie unter

www.rivaverlag.de

Beachten Sie auch unsere weiteren Imprints unter
www.muenchner-verlagsgruppe.de

Inhaltsverzeichnis

Vorwort

»Du bist, was du isst«

Inzwischen achten immer mehr Menschen bewusster darauf, was sie essen. Uns ist klar, dass viele Nahrungsmittel wie Weißmehl und Zucker unseren Körper belasten und uns nicht dabei helfen, uns besser zu fühlen oder gar Gewicht zu verlieren. Versuchen wir dann auf unsere gewohnten kulinarischen Sünden zu verzichten, macht sich das schnell mit Heißhunger, Müdigkeit, einfach einem schlechten Gefühl bemerkbar. Ein Teufelskreis, der es so schwerfallen lässt durchzuhalten.

Auf dem Weg zu einem schlankeren, fitteren Körper und mehr Wohlbefinden können uns sogenannte Superfoods helfen. Und das ganz ohne quälenden Hunger und übermenschliche Willenskraft.

Eines der derzeit bekanntesten Superfoods ist Chia. »Chia« stand in der Sprache der Maya für »Stärke« und ist vielleicht eines der ältesten und gesündesten Lebensmittel überhaupt. Die kleinen Samen sind von den Speiseplänen der Sportler, Wellness-Begeisterten und Hollywood-Stars nicht mehr wegzudenken, und dafür gibt es viele gute Gründe. Wer sich nicht von ihrer Größe täuschen lässt, wird herausfinden, dass die winzigen Körnchen echte Nährstoffgiganten sind und auf einfache und leckere Art und Weise dabei helfen können, Gewicht zu verlieren, die eigene Energie und Konzentration zu steigern und in Form zu kommen.

Viel Freude beim Lesen und Ausprobieren der Rezepte!

Superfood und was das eigentlich bedeutet

Wer darauf achtet, sich gesund zu ernähren, oder seine Ernährung umstellen möchte, stolpert immer wieder über den Begriff »Superfood«. Doch was ist eigentlich Superfood und wie kann es uns dabei helfen, gesund, schlank und fit zu werden?

Eine einheitliche Definition des Begriffs gibt es bisher nicht. Allgemein als Superfood verstanden werden natürliche Lebensmittel, insbesondere Obst und Gemüse, die besonders nährstoffreich sind und darum als besonders förderlich für Gesundheit und Wohlbefinden erachtet werden. Kurz gesagt sind Superfoods Lebensmittel, die über einen besonders konzentrierten Anteil wertvollster Inhaltsstoffe verfügen. Lebensmittel wie Blaubeeren oder Kakao, die vollgepackt sind mit Antioxidantien, Vitaminen und Mineralien und die Risiken chronischer Krankheiten vermindern können.

Wenn wir Diät halten oder uns einfach gesünder ernähren wollen, können uns Superfoods helfen, unseren Körper mit allem zu versorgen, was er braucht und ihn dabei nicht mit schädlichen oder dick machenden Inhaltsstoffen zu belasten. Aber auch wenn ihre positiven Eigenschaften erwiesen sind und viele dieser Lebensmittel einen positiven Effekt auf unseren Stoffwechsel haben, gibt es etwas, das Beeren, Birne und Brokkoli nicht können: Wer schon einmal eine Diät gemacht hat, weiß, wie leicht man sich hungrig, schwindlig oder einfach schlecht gelaunt fühlt, weil man versucht, auf bestimmte Lebensmittel zu verzichten. Durch Hungergefühl und einen leeren Magen hat man schlicht und einfach keine Lust mehr, fällt in alte Gewohnheiten zurück und wird zu guter Letzt auch noch mit dem Jo-Jo-Effekt belohnt. Wem das bekannt vorkommt, für den sind Chia-Samen genau richtig!

Großer Beliebtheit erfreut sich das Superfood Chia-Samen natürlich auch, weil die kleinen Körnchen andere Nahrungsmittel in vergleichbarer Menge in puncto nährstofflicher Zusammensetzung um Längen schlagen: Aufgeladen mit Kalzium, Vitamin B, Kalium, Eisen, Zink und Kupfer ist das kleine Korn so attraktiv für Gesundheitsbewusste. Die Samen liefern 8-mal mehr Omega-3-Fettsäuren als Lachs, 3-mal mehr Eisen als Spinat, 15-mal mehr Magnesium als Brokkoli und ihr Kalziumgehalt übertrifft den von Milch um das Fünffache. Das Spurenelement Bor unterstützt die Kalziumaufnahme im Körper, und mit ihrem extrem hohen Anteil an Antioxidantien stecken Chia-Samen sogar Blaubeeren in die Tasche.

Die entscheidende Besonderheit zu anderen Powerlebensmitteln, die Chia aber gerade beim Abnehmen so hilfreich macht, ist ihre Fähigkeit, enorm viel Wasser zu binden. Die Samen können das Sieben- bis Zwölffache ihres eigenen Gewichts an Wasser aufnehmen. Durch diese außergewöhnliche Eigenschaft können sie den Körper nicht nur nachhaltiger mit Flüssigkeit und Nährstoffen versorgen, sondern helfen uns auch dabei, länger satt zu bleiben. Das schaffen die kleinen Helfer unter anderem dadurch, dass sie mittels ihres außerordentlichen Quellvermögens den Magen schneller füllen und uns so auch nach kleineren Portionen ein angenehmes Sättigungsgefühl geben. Die kleinen Kraftpakete helfen uns nicht nur, uns vegan und glutenfrei mit wichtiger Energie für Sport und Alltag zu versorgen, sondern können so auch den bekannten Heißhungerattacken vorbeugen. Die Powersamen der Azteken dürfen daher mit Recht als echtes Superfood bezeichnet werden.

Die Wundersamen und ihre Herkunft

Schon bei den Azteken waren Chia-Samen als Powerlebensmittel heiß begehrt. Es hieß sogar, sie würden übermenschliche Fähigkeiten verleihen. Chia ist keine neue Erfindung und auch kein künstliches Nahrungsergänzungsmittel, das Wunder verspricht. Chia-Samen sind ein seit langer, langer Zeit bewährtes Naturprodukt.

Die Chia-Samen stammen von einer Pflanze aus der Gattung der Lippenblütler, die im 18. Jahrhundert irrtümlich als »Salvia hispanica« also als spanischer Salbei benannt worden ist. Versehentlich ordnete der Naturforscher Carl von Linné die Pflanze der Vegetation Spaniens und des Mittelmeerraums zu, obwohl ihre Heimat in Mexiko und Guatemala liegt. Obwohl Chia bei uns erst jetzt immer bekannter wird, wusste man die beeindruckenden Eigenschaften der Pflanze und ihrer Samenkörner in ihrer Heimat schon vor etwa 5500 Jahren zu schätzen.

Die Chia-Pflanze stellte in Süd- und Mittelamerika eines der wichtigsten Grundnahrungsmittel von Azteken, Mayas und Inkas dar und stand neben Mais und Bohnen täglich auf ihrem Speiseplan. Und das hatte nicht nur damit zu tun, dass sich Chia leicht anbauen ließ. Die Pflanze ist nämlich ein echter Überlebenskünstler und gedeiht nicht nur in großer Höhe, sondern auch auf extrem kargen Böden und mit wenig Wasser. Für die Azteken war die Pflanze gerade deshalb so wichtig, weil sie so nährstoffreich ist und auf der Jagd oder im Alltag auf einfache Weise dringend benötigte Energie spenden konnte. Sie galt daher als Überlebensmahlzeit, weil nur 2 Esslöffel voll Samen in etwas Wasser einen Aztekenkrieger für 24 Stunden stärken konnten.

Aber nicht nur die Krieger der Azteken nutzten die kleinen Samen, damit sie ihnen genug Kraft verleihen konnten, um eines der größten Reiche der Geschichte zu errichten und zu verteidigen. Chia stärkte die Azteken auch auf langen Reisen und ihre Nachrichtenläufer auf langen, anstrengenden Märschen, die sie mit einem Minimum an Nahrung und Wasser überstehen mussten. Auf diesen kräftezehrenden Wan-

derschaften musste Nahrung möglichst effektiv genutzt und Gepäck natürlich gering gehalten werden. Und so waren Chia-Samen in Wasser gelöst oft das Einzige, was Krieger und Boten über weite Strecken zu sich nahmen.

Aufgrund seiner unglaublichen Fähigkeit, Ausdauer sowie körperliche und mentale Stärke zu verleihen, wurde Chia bei den Azteken als Wundersamen verehrt und auch als Hilfe gegen Infektionen auf verwundete Körperstellen gelegt, oder bei religiösen Zeremonien den Göttern geopfert. Die Powersamen hatten für die Azteken eine so große Bedeutung, dass die Spanier in ihrem Feldzug gegen sie deren Chia-Felder niederbrannten, um ihnen ihr geheimnisvolles Kraftelixier zu nehmen und sie zu schwächen. Mit dem Fall des aztekischen Reiches verschwand daher nicht nur die uralte Kultur der Azteken, sondern auch die Kultivierung der Chia-Samen weitestgehend. Chia wuchs von nun an nur noch wild im Westen Amerikas und in Mexiko, wurde aber nicht mehr großflächig landwirtschaftlich angebaut.

Chia und der Stamm der Läufer

Trotzdem gerieten die kleinen Kraftspender nie so ganz in Vergessenheit: Insbesondere bei den in Mexiko beheimateten Tarahumara-Indianern gehört Chia zu den Grundnahrungsmitteln. Die Tarahumara sind berühmt für die Fähigkeit, Langstreckenläufe durch Wüsten, Schluchten und Berge zu unternehmen, und bezeichnen sich auch als Rarámuri (›Die, die schnell laufen‹). Die Jagd des Stammes auf Wildtiere fand traditionell zu Fuß statt und Tiere mussten hierbei teilweise stundenlang im Dauerlauf gehetzt werden. Die nötige Ausdauer und auch mentale Stärke für diese kräftezehrende Tätigkeit lieferte, und liefert ihnen auch heute noch, der kleine Powersamen.

Dass Chia Athleten, Soldaten und Läufern Kraft, Ausdauer und Energie spendet, ist also trotz der jahrtausendealten Geschichte der Powerpflanze kein Mythos. Erst im Jahre 1997 gewann der 52-jährige Tarahumara Indianer Cirildo Chacarito einen 100-Meilen-Lauf in Kalifornien. Als einzige Energie- und Flüssigkeitsquelle nutzte er Chia-Samen und legte die unfassbare Strecke von 160 Kilometern in über 19 Stunden und 37 Minuten und damit 30 Minuten schneller als die anderen Läufer zurück, die teilweise halb so alt waren wie Chacarito selbst.

Kein Wunder, dass Chia mittlerweile nicht mehr nur bei den amerikanischen Ureinwohnern und Leistungssportlern hoch im Kurs steht. Auch Forscher haben mittlerweile durch zahlreiche Studien bestätigt, dass Chia so prall mit Nährstoffen gefüllt ist, dass es im Notfall praktisch ausreichen würde, sich allein von den kleinen Samen zu ernähren, und sind von ihrer positiven Wirkung auf die Gesundheit begeistert.

Was ist drin in Chia?

Wie schon gesagt, stammt das Wort Chia aus der Maya-Sprache und bedeutet »Stärke«. Und die Samen der Chia-Pflanze machen ihrem Namen alle Ehre: Sie enthalten so viele Nährstoffe und wertvolle Eigenschaften, dass sie eine positive Wirkung auf das Herz-Kreislauf-System, das Verdauungssystem, das Gehirn und auch auf den Energiestoffwechsel haben. Chia-Samen unterstützen und stärken den gesamten Körper: Sie fördern die Leistungsfähigkeit des Gehirns und liefern dem Körper Energie, unterstützen die Verdauung und machen satt. Und ganz nebenbei wirken sie auch noch der Hautalterung entgegen. Wer sich fragt, wie diese Fülle an tollen Fähigkeiten zustande kommt, sollte mal einen Blick darauf werfen, was in Chia alles drinsteckt:

Hochwertiges Eiweiß und Aminosäuren:

Chia ist eine perfekte Quelle von qualitativ hochwertigem Eiweiß, auch Protein genannt. Und das ist beispielsweise auch sehr vorteilhaft für Vegetarier oder Veganer. Proteine werden von unserem Körper benötigt, um daraus körpereigenes Eiweiß herzustellen, welches Bestandteil fast aller Organe ist und in Form von Enzymen unsere Stoffwechselvorgänge reguliert. Proteine stellen, wie Kohlenhydrate und Fette, eine Energiequelle dar und sind damit wichtig für den Muskelaufbau und die körperliche Leistungsfähigkeit. Proteine, die wir mit der Nahrung aufnehmen, werden im Verdauungsprozess in Aminosäuren aufgespalten, damit sie vom Körper weiterverarbeitet werden können. Einige dieser Aminosäuren, die essentiellen Aminosäuren, kann unser Körper nicht selbst herstellen und ist darauf angewiesen, dass wir sie ihm mit der Nahrung zuführen. Im Gegensatz zu vielen anderen Lebensmitteln wie Kartoffeln, Bohnen oder Eiern, enthält Chia auch gerade diese besonders wichtigen essentiellen Aminosäuren wie Lysin, Trytophan und Threonin in ausreichender Menge. Chia gilt daher als vollwertige Proteinquelle und ist besonders gut geeignet für Menschen, die sich vegetarisch ernähren oder auf Nahrungsergänzungsmittel verzichten möchten.

Chia-Samen enthalten mit rund 20 Prozent etwa genauso viel Eiweiß wie Rindfleisch und sind anderen Getreidesorten damit eindeutig überlegen. Weizen zum Beispiel enthält nur etwa 14 Prozent Eiweiß und kann uns nicht die wichtigen, essentiellen Aminosäuren in gleichem Umfang bieten. Mit gerade einmal zwei Esslöffeln Chia kommt man etwa auf den gleichen Gesamteiweißgehalt wie beim Verzehr von 300 Gramm Kartoffeln oder zwei großen Eigelben. 100 Gramm Chia enthalten etwas mehr als 20 Gramm Eiweiß und damit in etwa genauso viel wie 100 Gramm Lachs oder Mozzarella-Käse. Allerdings tun sie das, ohne unseren Körper mit übermäßig viel Fett zu belasten. Das macht Chia-Samen bei Leistungssportlern zum Muskelaufbau so beliebt, kann uns dabei helfen, gezielt auf unser Gewicht zu achten und sichtbare und unsichtbare Muskeln, darunter auch die Herzmuskulatur, zu stärken.

Antioxidantien:

Der Begriff ist uns insbesondere bekannt, wenn es um Hautalterung geht. Dort sind die sogenannten freien Radikale für vorzeitige Hautalterung und Faltenbildung verantwortlich. Freie Radikale sind also eher unbeliebt. Trotzdem sind sie im menschlichen Körper immer vorhanden und in bestimmtem Umfang auch notwendig, um zum Beispiel Bakterien zu bekämpfen. Ist aber eine zu große Zahl dieser Stoffe in unserem Organismus unterwegs, führt das zu Schäden an Körperzellen und kann Krankheiten wie sogar Krebserkrankungen begünstigen. Freie Radikale entstehen bei allen Stoffwechselprozessen. Im Übermaß kommen sie vor, wenn wir zum Beispiel Umweltgiften, UV-Strahlung oder viel Stress ausgesetzt sind oder Alkohol und Tabak konsumieren.

Um die schädliche Übermenge an freien Radikalen zu bekämpfen, braucht unser Körper Antioxidantien, mit denen er ihre Menge auf ein gesundes Maß reduzieren kann.

Natürliche Antioxidantien wie unter anderem Vitamin C und Vitamin E sind insbesondere in Beerenobst, Kakao, Zimt und auch Rotwein enthalten. Aber auch hier hat Chia anderen Lebensmitteln einiges voraus: Die kleinen Körnchen enthalten etwa 3-mal so viele Antioxidantien wie die als Superfood bekannte Heidelbeere und gleich 30-mal mehr als grüner Tee! Chia unterstützt uns so nicht nur dabei, uns gesund und fit zu fühlen, sondern auch dabei, gesund und fit auszusehen.

Omega-3-Fettsäuren:

Für fast alle Stoffwechselvorgänge und die Verarbeitung von Proteinen benötigt unser Körper unter anderem Omega-3-Fettsäuren. Diese kann er jedoch nicht selbst herstellen und ist darauf angewiesen, dass wir sie ihm mit unserer Nahrung liefern. Tun wir das nicht, kann ein Mangel der 3-fach ungesättigten Fettsäuren entstehen, der sich mit allerlei Symptomen, insbesondere chronischen Entzündungen und damit in Verbindung stehenden Krankheiten wie Diabetes und Asthma, bemerkbar macht.

Mit fast 20 Prozent haben Chia-Samen den höchsten Anteil der gesunden Fettsäuren, der bei Pflanzen überhaupt vorkommt. Bei etwa 19 Gramm Omega-3 auf 100 Gramm der kleinen Samen müssen sie auch den Vergleich mit anderen Spendern der wertvollen Fettsäuren nicht scheuen. Chia enthält mehr davon als Lachs und kann deshalb auch für Vegetarier und Veganer eine hocheffiziente Quelle von Omega-3-Fettsäuren sein. Die Powerkörner helfen uns so nicht nur, den Blutdruck und das Herzinfarktrisiko zu senken, sondern unterstützen durch die hohe Konzentration an ungesättigten Fettsäuren das Gehirn und verbessern dadurch unsere Konzentrationsfähigkeit.

Ballaststoffe:

Ballaststoffe sind weitestgehend unverdauliche Nahrungsbestandteile, die fast ausschließlich in pflanzlichen Lebensmitteln vorkommen. Durch ihre Fähigkeit, Wasser zu binden, quellen diese Stoffe im Darm auf und regen so seine Tätigkeit an. Das hohe Quellvermögen bewirkt, dass der Darminhalt mehr Flüssigkeit aufnimmt und so leichter und schneller transportiert werden kann. 100 Gramm Chia-Samen enthalten etwa 40 Gramm wertvolle Ballaststoffe, sie gehören damit zu den ergiebigsten Ballaststoffquellen überhaupt und liefern mehr davon als Kleie oder Roggenbrot. Chia unterstützt dadurch nicht nur eine gesunde, regelmäßige Verdauung und beugt Verstopfung vor, sondern hilft dem Körper auch, Giftstoffe rascher auszuscheiden. Letzteres geschieht nicht nur durch die Anregung der Darmtätigkeit, sondern auch durch die Fähigkeit, insbesondere der roh verzehrten Samen, Säuren und Gifte an sich zu binden und deren Abtransport zu unterstützen. Zusätzlich dienen die in Chia enthaltenen löslichen Pflanzenfasern den guten,gesundheitsfördernden Mikroorganismen des Darms als Nahrung.

Da der Darm unser wichtigstes Immunorgan ist, wirkt sich eine gesunde Darmflora vorteilhaft auf den gesamten Organismus aus und macht uns weniger anfällig für alle Arten von Krankheiten.

Allerdings ist bei Ballaststoffen auch Vorsicht geboten: Enthalten Lebensmittel zum großen Teil lösliche Ballaststoffe, kann deren Verzehr bei empfindlichen Personen leicht zu unangenehmen Blähungen führen. Während der Anteil löslicher Ballaststoffe bei Haferkleie etwa bei 50 Prozent, bei Leinsamen etwa bei 25 Prozent liegt, können Chia-Samen auch mit ihrer Verträglichkeit punkten. Der Anteil löslicher Ballaststoffe liegt bei den mexikanischen Samen bei nur etwa 13 Prozent und macht sie damit viel leichter verträglich und einsetzbar. Im Gegensatz zu Leinsamen sind die in Chia enthaltenen Ballaststoffe für den Körper übrigens auch dann verfügbar, wenn die Samen nicht gemahlen verzehrt werden. Die Form der Verarbeitung spielt bei Chia somit keine entscheidende Rolle und bleibt alleine dem persönlichen Geschmack vorbehalten. Gut zu wissen ist auch, dass Chia, im Gegensatz zu Weizenkleie, glutenfrei ist. Das Klebereiweiß Gluten begünstigt nicht nur zahlreiche Krankheiten wie zum Beispiel Diabetes und Kreislauferkrankungen, sondern kann bei einer unentdeckten Unverträglichkeit auch häufig für Hautprobleme und Übelkeit verantwortlich sein.

Vitamine, Mineralien und Spurenelemente:

Chia-Samen, mit dem in ihnen enthaltenen Chia-Öl, sind wahre Energiebomben. Aufgeladen mit wertvollen Vitaminen und Mineralien helfen sie uns, gesund und fit zu bleiben.

Vitamine sind lebenswichtige Stoffe, die unser Körper nur im seltensten Fall selbst

herstellen kann. Notwendig sind sie insbesondere für Wachstum, Erneuerung und Energiegewinnung. Mineralien und Spurenelemente sind als Bausteine für Knochen, Blut oder Zähne elementare Grundstoffe für die Erhaltung und Funktion des menschlichen Körpers.
Chia-Samen enthalten unter anderem die Vitamine A, B, C und E, sowie Folsäure, Kalzium, Magnesium und Phosphor. Die Omega-3-Fettsäuren in Chia sorgen dafür, dass auch fettlösliche Vitamine absorbiert und genutzt werden können. Zu dieser Art von Vitaminen zählen unter anderem die Vitamine A, D und E.
Hier kannst du nachlesen, wie sich die einzelnen Vitamine auf deinen Körper auswirken können.

Vitamin A
Vitamin A wirkt antioxidativ und schützt uns vor Schäden durch freie Radikale. Es schützt uns nicht nur vor Hautschäden durch UV-Strahlen, sondern fördert auch die Wundheilung. Vitamin A ist außerdem elementar am Fettstoffwechsel beteiligt und reguliert ihn. Es hilft uns so unter anderem dabei, Fettgewebe leichter abzubauen und fördert die Funktion der Augen sowie des Immunsystems.

Vitamin B
Vitamin B ist genau genommen kein einzelnes Vitamin, sondern gleich eine ganze Gruppe bestehend aus B 1, B 2, B 3 und B12. Die Vitamine der B-Gruppe unterstützen insbesondere den Stoffwechsel. Ein Mangel an B-Vitaminen kann sich unter anderem durch Müdigkeit, Schlaflosigkeit und depressiven Verstimmungen bemerkbar machen. Auch sind die B-Vitamine an der Energiegewinnung aus Fetten, Proteinen und Kohlenhydraten beteiligt und helfen dabei, Körperfett abzubauen und es als Energie verwertbar zu machen.
Folsäure gehört ebenfalls zu den B-Vitaminen und ist häufig Mangelware. Viele Menschen leiden an Folsäuremangel, ohne es zu wissen. Insbesondere in der Schwangerschaft ist Folsäure aber zur Entwicklung des Kindes besonders wichtig, und auch beispielsweise die Einnahme der Antibaby-Pille kann den Bedarf an Folsäure erheblich steigern.

Vitamin C
Vitamin C ist ein echtes Allround-Vitamin und schützt uns vor Viren, Bakterien und damit vor zahlreichen Krankheiten. Gerade in der Erkältungszeit macht es unseren Körper robust und abwehrfähig. Es kräftigt darüber hinaus Haut und Bindegewebe und hat positive Effekte auf unsere Stimmungslage. Da Vitamin C nicht vom Körper gespeichert werden kann, ist er darauf angewiesen, dass es täglich neu zugeführt wird.

Vitamin E
Vitamin E erhöht den Kollagengehalt der Haut und hilft ihr, länger jung und prall auszusehen. Außerdem unterstützt es das

Immunsystem, stärkt unser Haar und lässt es schneller wachsen.

Mineralien und Spurenelemente

Die in Chia enthaltenen Mineralien und Spurenelemente Kalzium, Phosphor und Mangan unterstützen den Aufbau von Knochengewebe und halten unsere Gelenke gesund. Kalzium und Magnesium sind besonders wichtig für unsere Muskeln und deren Funktion. Magnesiummangel kann insbesondere zu Problemen mit der Verdauung oder unangenehmen Muskelkrämpfen führen.

Eisen, Mangan und Kupfer sind wichtige Bestandteile unseres Blutes und zur Regeneration der roten Blutkörperchen notwendig. Sie helfen dabei, dass das Blut seiner Funktion, dem Sauerstofftransport, optimal nachkommt und wir uns fitter und vitaler fühlen. Besonders wichtig sind Kupfer, Magnesium und Kalzium außerdem für die Funktion des Gehirns und des Nervensystems.

Das »Geheimnis des Abnehmens«

Viele Wundermittel und Zauberpillen versprechen uns, Gewicht ganz ohne Anstrengung oder Verzicht zu verlieren. Ganz nebenbei und entspannt jeden Tag ohne Konsequenzen zu schlemmen ist zwar eine schöne Vorstellung, aber eben nicht die Realität. Wer auf Dauer und vor allem auf gesunde Art und Weise Gewicht verlieren möchte, dem ist mit keinem Wundermittel geholfen. Ganz ohne eine langfristige Umstellung unserer Ernährungs- und Lebensgewohnheiten geht es nun mal leider doch nicht.

Es gibt aber auch eine gute Nachricht: Das Geheimnis einer erfolgreichen Gewichtsabnahme besteht aus nur zwei simplen Dingen: Mehr Kalorien verbrennen und weniger Kalorien zu sich zu nehmen. Das sagt sich so leicht! Aber keine Sorge, Chia hilft dir dabei!

Mehr Kalorien verbrennen:

Es muss nicht immer gleich Extremsport oder ein Marathonlauf sein. Um Gewicht zu verlieren ist es wichtig, deine Aktivität zu steigern. Dabei kommt es nicht so sehr darauf an, welche Sportart du wählst. Ob du ins Fitnessstudio gehst, gerne schwimmst oder mit dem Rad fährst. Für eine dauerhafte und nachhaltige Reduktion des Körpergewichts kommt es in erster Linie darauf an, aktiver zu sein.

Das kannst du schon dadurch werden, dass du zum Einkaufen nicht das Auto nimmst, sondern zu Fuß gehst oder mit dem Fahrrad fährst. Mehr körperliche Aktivität wird dir das Abnehmen erheblich erleichtern. Mit der Zeit werden deine Muskeln stärker werden und dein Stoffwechsel wird sich positiv verändern. Dadurch wirst du, bei allem was du tust, automatisch mehr Kalorien verbrennen.

Weniger Kalorien aufnehmen:

Weniger Kalorien zu sich zu nehmen bedeutet nicht, hungern zu müssen. Radikal- und Crashdiäten versprechen ohnehin nur zeitlich begrenzten Erfolg. Sie verhelfen uns vielleicht kurzfristig zur Bikinifigur, jedoch haben wir ohne langfristige Ernährungsumstellung schnell die alten Kilos und vielleicht sogar noch ein paar mehr wieder auf den Hüften. Besser ist es, langfristig gesünder und ausgewogener zu essen. Durch wertvolle und nährstoffreiche Lebensmittel fällt es dir leichter, auch mit kleineren Portionen zufrieden und trotzdem satt zu sein und so insgesamt weniger Kalorien zu dir zu nehmen. Davon abgesehen, dass Hungern und zu große Kalorienreduktion ungesund sind, wirst du dich davon bald müde und antriebslos fühlen und es wird dir viel schwerer fallen, körperlich aktiver zu sein.

Traurigerweise »hungern« viele Menschen, obwohl sie mehr als genügend Kalorien zu sich nehmen. Wer sich ungesund mit viel Weißmehl und Softdrinks ernährt, lässt seinen Körper nach wichtigen Vitaminen und

Mineralstoffen, die er durch diese Lebensmittel einfach nicht bekommt, permanent gieren. Der Körper verlangt deshalb mit ständigem Appetit nach immer mehr Nahrung. Einfach in der Hoffnung, endlich mit fehlenden Nährstoffen versorgt zu werden. Mit seinen vielen wertvollen Inhaltsstoffen hilft dir Chia dabei, einer solchen Unterversorgung mit Vitaminen und Mineralstoffen vorzubeugen und dich, auch wenn du eine Diät halten willst, nicht müde und schlapp zu fühlen. Aber wie du sehen wirst, ist das nur eine Weise, auf die Chia zum perfekten Diätpartner wird.

Wie dir Chia beim Abnehmen hilft

Wer abnehmen möchte, ist meistens auch auf der Suche nach Nahrungsmitteln, die dabei unterstützend wirken können. Obwohl ein Esslöffel Chia-Samen nur etwa 74 Kilokalorien hat, handelt es sich bei Chia nicht um eine magische Zutat, die deine Pfunde sofort und von selbst purzeln lässt. Wenn du allerdings die Wirkungsweise von Chia berücksichtigst, wirst du schnell erkennen, dass die kleinen Körner nicht nur ein wertvolles Naturprodukt sind, sondern auch auf vielfache Weise als Unterstützung beim Abnehmen extrem hilfreich und effektiv sein können.

Chia kann große Mengen an Flüssigkeit binden

Chia-Samen sind in der Lage, das Sieben- bis Zwölffache ihres eigenen Gewichts an Wasser oder andere Flüssigkeiten zu binden. Beim Aufquellen bildet Chia eine gelartige Masse und kann deshalb nicht nur perfekt verwendet werden, um Suppen oder Saucen zu binden und Smoothies zu verfeinern, sondern hilft dir auch dabei, dich länger satt zu fühlen. Selbst wenn du eine relativ kleine Menge der Wundersamen zu dir nimmst, ganz egal ob roh, als Pudding oder als Backzutat, werden sie durch ihr Quellvermögen deinen Magen nachhaltig füllen und deinem Gehirn deshalb signalisieren »Ich bin schon satt!«. Aus nur zwei Esslöffeln Chia wird durch Zugabe von Wasser oder einer anderen Flüssigkeit ein großes Glas voll Chia-Gel oder -Pudding. Durch die enormen Quelleigenschaften wird beim Verzehr von Chia ein natürliches Sättigungsgefühl hervorgerufen, das nicht nur früher wahrgenommen wird, sondern auch länger anhält.

Du kannst zum Beispiel ein paar Löffel des Chia-Gels eine halbe Stunde vor der eigentlichen Mahlzeit zu dir nehmen. Dadurch werden bereits vor dem Essen erste Sättigungssignale erzeugt, Heißhunger im Zaum gehalten und es fällt leichter, bei der eigentlichen Mahlzeit nicht über die Stränge zu schlagen.

Chia hilft gegen Heißhunger

Die wohl größte Herausforderung beim Abnehmen ist es, Versuchungen und vor allen Dingen den Heißhungerattacken nicht zu erliegen. Schließlich sind wir von Natur aus darauf programmiert zuzuschlagen, wenn es etwas Nahrhaftes zu ergattern gibt. Chia kann dir dabei helfen, deine Gelüste besser im Zaum zu halten.

Das geschieht nicht nur dadurch, dass du dich durch Chia schneller satt fühlst, sondern auch durch eine natürliche Regulierung deines Blutzuckerspiegels. Die in Chia enthaltenen Kohlenhydrate können nur weitaus langsamer abgebaut und in Glukose umgewandelt werden als bei vielen anderen Lebensmitteln. Glukose dient dem Körper als Energielieferant und ist im Endeffekt nichts anderes als Zucker. Durch die langsamere Umwandlung der Kohlenhydrate in Zucker, lassen Chia-Samen den Blutzuckerspiegel weitaus langsamer ansteigen als Weißmehl, normaler Zucker oder viele andere Lebensmittel. So können die in Chia enthaltenen Kohlenhydrate über einen längeren Zeitraum als Energie nutzbar gemacht werden und der Blutzuckerspiegel steigt weder zu schnell an noch sinkt er schnell zu stark herab. Bei starkem Absinken des Blutzuckerspiegels wird dem Körper eine drohende Unterzuckerung signalisiert und er reagiert mit Heißhunger. Insbesondere wenn wir Süßigkeiten essen, laufen wir Gefahr, den Blutzuckerspiegel rasant in die Höhe zu treiben. Der in Schokolade und Co. enthaltene Einfachzucker hält nur kurz vor, lässt den Blutzuckerspiegel schnell ansteigen und genauso schnell wieder abfallen. Dadurch entsteht oft ein Teufelskreis aus Heißhunger und dem Konsum weiterer ungesunder, dick machender Lebensmittel.

Auch ein Mangel an Mineralstoffen und Vitaminen kann übrigens das Verlangen auf bestimmte Lebensmittel steigern und Heißhunger auslösen. So kann zum Beispiel ein Kalziummangel dazu führen, dass dein Körper unnachgiebig nach Käse oder Eiscreme verlangt. Er weiß nämlich, dass Milchprodukte dir Kalzium liefern, und lässt dich deshalb quälende Lust darauf verspüren. Wie du bereits gesehen hast, versorgt dich Chia mit vielen lebenswichtigen Vitaminen und Mineralstoffen, verhindert dadurch Mangelerscheinungen und hilft dir so auch, deinen Appetit auf bestimmte Lebensmittel nicht übermächtig werden zu lassen.

Chia ist ein Energie-Booster

Neben der Eigenschaft, Wasser besonders gut zu binden, lösen sich die in Chia enthaltenen Substanzen auch besonders gut in Wasser. Man bezeichnet das auch als hydrophile Eigenschaft. Da der menschliche Körper zu einem großen Teil aus Wasser besteht, führt die besonders gute Löslichkeit der in Chia enthaltenen Nährstoffe dazu, dass der gesamte Körper und alle Organe von ihnen optimal profitieren können. Gemeinsam mit den komplexen Kohlenhydraten, die Energie nur langsam aber über einen längeren Zeitraum freisetzen, sorgt Chia so für einen lange anhaltenden Energieschub und mehr Ausdauer. Nicht zuletzt darum gilt Chia in Sportlerkreisen auch als »Läufer-Nahrung«. Aber auch wenn du kein Profisportler bist, wird Chia dir eine optimale Nährstoffversorgung liefern und dir damit auch mehr Energie und Ausdauer für Sport und deinen Alltag bringen. Mit einem solchen Energie-Boost fällt es dir gleich viel leichter, sportlich aktiv zu sein. Vielleicht schaffst du es so, eine Strecke zu joggen, die du vorher noch nie geschafft hast, oder deine eigene Bestzeit zu unterbieten. Das ist nicht nur gut für deine Fitness, sondern gibt dir auch neue Motivation für deine Leistungen.

Chia macht Muskeln

Der hohe Anteil an Proteinen und Nährstoffen unterstützt die Regeneration, aber auch die Neubildung von Körpergewebe und Muskeln. Die kleinen Samen helfen nicht nur, geschädigtes Gewebe zu heilen, sondern auch Muskelgewebe aufzubauen. Sie geben dir damit nicht nur mehr Energie und Ausdauer, sondern lassen dich auch schneller Muskelmasse aufbauen und so fitter und schlanker aussehen. Muskeln sind, wenn du langfristig abnehmen und gesund und fit bleiben möchtest, extrem wichtig. Denn selbst im Ruhezustand verbraucht Muskelmasse mehr Energie als Knochen oder Fettgewebe und lässt deinen Stoffwechsel auf Touren kommen. Stärkere Muskeln helfen dir daher sehr dabei, dein Gewicht auch auf Dauer zu halten.

So integrierst du Chia in deinen Speiseplan

Chia-Samen sind kleine Wunderwerke an wertvollen Vitaminen und Nährstoffen. Sie liefern dir Energie, machen satt und unterstützen dich auf deinem Weg, Gewicht zu verlieren. Sie helfen deinem Körper bei komplexen Prozessen, die er zur Regeneration, zum Muskelaufbau und zur Optimierung deines Stoffwechsels braucht. Entsprechend schwierig muss es bestimmt auch sein, Chia in deine Ernährung zu integrieren? Bestimmt gibt es vieles zu beachten, damit die kleinen Samen ihre Wirkung auch wirklich entfalten können?

Weit gefehlt! Chia ist ein echter Allrounder und lässt sich auf jede erdenkliche Weise in deinen Speiseplan einbauen. Einzig dein Geschmack entscheidet, welche Variante du wählst. Deiner Kreativität sind mit Chia keine Grenzen gesetzt und genügend Inspiration bieten dir bestimmt auch unsere Rezepte.

Rohe Chia-Samen

Die kleinen braunen bis schwarzen Samenkörnchen lassen sich roh besonders gut als Topping für deinen Salat oder Joghurt verwenden. Auch Müslis geben sie so einen zusätzlichen Knusper-Kick oder verfeinern Bagel oder Frühstücksbrot. Die kleinen Körnchen sind so gut wie geschmacksneutral und haben lediglich ein fein nussiges Aroma, was sie sowohl bei herzhaften als auch bei süßen Speisen leicht einsetzbar macht.

Was ihre Färbung angeht, kann es vorkommen, dass man ab und zu ein paar graue oder fast weiße Körnchen vorfindet. Chia ist ein Naturprodukt und die Farbunterschiede sind normal und sagen nichts über die Qualität der Samenkörner aus. Du brauchst dir auch keine Sorgen zu machen, dass die kleinen Kraftpakete schlecht geworden sein könnten. Insgesamt lässt sich Chia, trocken und dunkel gelagert, mehrere Jahre aufbewahren ohne an Nährstoffen zu verlieren.

Wer Chia gerne roh knabbert oder als Topping benutzt, sollte allerdings unbedingt darauf achten, ausreichend zu trinken! Da Chia-Samen auch im Körper quellen und Flüssigkeit binden, muss dem Körper genügend Flüssigkeit zugeführt werden, um sowohl die Nährstoffe zu lösen als auch Verstopfung vorzubeugen.

Gequollene Chia-Samen

Werden Chia-Samen zu Flüssigkeiten hinzugefügt, beginnen sie sehr schnell aufzuquellen und es entsteht eine gel- oder puddingartige Substanz. Ihr Nussgeschmack wird dabei noch weniger deutlich, was sie auch gequollen besonders vielseitig einsetzbar macht.

Wie lange der Quellvorgang dauert, hängt stark von der Flüssigkeit ab, der sie zugefügt werden. In pflanzlicher oder normaler Milch beginnen sie eigentlich sofort aufzuquellen, in Fruchtsaft kann dieser Prozess,

je nach Säuregehalt, etwas länger dauern. Unbedingt sollte man darauf achten, die Flüssigkeit-Chia-Mischung gut durchzurühren, da die kleinen Körnchen gerne zusammenkleben.
Gequollene Samen sollte man möglichst im Kühlschrank lagern und bald aufbrauchen. Wie lange sich die Mischung hält, hängt von der verwendeten Flüssigkeit ab: Chia-Gel mit Wasser kann im Kühlschrank circa 1 Woche aufbewahrt werden. Mit Milch hergestellter Chia-Pudding sollte jedoch deutlich schneller verbraucht werden (circa 1-2 Tage). So vorgequollen kannst du mit Chia nicht nur auf vegetarische oder sogar vegane Weise glutenfrei Saucen und Suppen binden, sondern auch einen leckeren Pudding oder Ei-Ersatz herstellen. Besonders gut lassen sich die gequollenen Samen auch mit dem Mixer pürieren. Dadurch entsteht eine lockere Konsistenz und es lässt sich statt Pudding auch eine luftige Mousse zaubern.

Gemahlene Chia-Samen

Anders als andere Samen oder Getreidearten müssen Chia-Samen nicht extra gemahlen werden, um für deinen Körper in vollem Umfang nutzbar zu sein. Wer möchte, kann die Powersamen aber natürlich trotzdem mahlen und so Chia-Mehl herstellen. Damit lassen sich Rezepte anreichern, in denen ohnehin Mehl vorkommt. Außerdem kann man auch aus den fein gemahlenen Samen Chia-Pudding oder -Gel herstellen. Auch im gemahlenen Zustand verliert Chia sein Quellvermögen nicht und kann so zur Herstellung von noch feineren Pudding- oder Gel-Rezepten genutzt werden. Man sollte allerdings bedenken, dass sich die in Chia enthaltenen wertvollen Inhaltsstoffe in gemahlenem Zustand leicht verflüchtigen. Chia-Mehl sollte deshalb nicht auf Vorrat hergestellt, sondern frisch gemahlen werden.

Geröstete und gebackene Chia-Samen

Chia-Samen können auch deine Kuchen- und andere Backrezepte auf gesunde Art und Weise bereichern. Problemlos lassen sich mit Chia Kuchen, Kekse, Brot, Cracker und alle erdenklichen Backwaren herstellen. Dabei solltest du allerdings beachten, dass einige der wertvollen Inhaltsstoffe, insbesondere die Omega-3-Fettsäuren, durch zu große Hitze verloren gehen können. Chia-Samen sollten daher nicht über 190 Grad erhitzt werden. Das ist jedoch für die allermeisten Rezepte völlig ausreichend, da nur wenige Backwaren bei 200 Grad oder mehr gebacken werden müssen.
Wenn du Chia-Samen als knuspriges Topping für deinen Salat verwenden möchtest, kannst du sie vorher kurz anrösten. Durch das Rösten werden sie knusprig und quellen auch später nicht mehr so auf. Du solltest dich allerdings beeilen und die kleinen Körnchen nicht zu lange zu großer Hitze aussetzen.

Sprossen, Keime und die Chia-Pflanze

Auch Chia-Keime, Sprossen und sogar die ganze Pflanze kannst du kreativ in deinen Speiseplan einbauen. Dabei entfällt natürlich weitestgehend die durch das Aufquellen erzeugte enorme Sättigungsfunktion, der Energie-Boost bleibt aber durch ihre vielen gesunden Inhaltsstoffe trotzdem erhalten. Chia-Keime erhältst du, wenn du die kleinen Samen ein paar Tage in Wasser liegen lässt. Bald wirst du kleine Wurzeln an den Körnchen erkennen und kannst die gekeimten Samen genau wie Chia-Gel verwenden oder sie deinem Joghurt oder Salat zufügen.

Natürlich kannst du die kleinen Keime auch weiter zu Chia-Sprossen heranziehen. Das erfordert etwas Geduld und ein Gefäß mit einer Lage Watte oder auch Küchenpapier (wie beim Kresseanbau). Wenn du die Keimlinge täglich befeuchtest, wirst du bald kleine grüne Sprösslinge entdecken können. Die Sprossen lassen sich wie Kresse wunderbar im Salat oder auf dem Brot genießen. Aber auch grüne Smoothies und Pesto erhalten nicht nur ein Energie-Extra, sondern auch einen ganz besonderen Geschmack. Besonders einfach kannst du die Sprossen übrigens mit Hilfe eines Kressesiebs oder Kresseigels züchten.

Wer es nicht schafft, alle Sprossen gleich aufzuessen, kann sich aus ihnen eine echte Chia-Pflanze ziehen. Dazu werden einige Sprossen einfach in einen Topf mit Erde gelegt. Aber Achtung: Die Sprossen mögen es nicht, vergraben zu werden. Sie werden

einfach auf die feuchte Erde gelegt und dort weiterhin feucht, aber nicht nass gehalten. So kannst du schon bald deiner eigenen Chia-Pflanze beim Wachsen zusehen. Problemlos kannst du sie auch auf den Balkon in die Sonne stellen. Allerdings vertragen Chia-Pflanzen keinen Frost und sollten rechtzeitig wieder an einen warmen Ort umziehen. Die Blätter der erwachsenen Chia-Pflanze kannst du ähnlich wie Salbei in Saucen, Suppen oder sogar als Tee genießen.

Flüssig als Chia-Öl

Die wertvollen Eigenschaften von Chia kann man auch in Form von Chia-Öl zu sich nehmen. In Chia-Samen ist knapp 40 Prozent Öl enthalten und entsprechend lassen sich die kleinen Körnchen auch kaltgepresst zu hochwertigem Öl weiterverarbeiten. Momentan ist es in Deutschland aber noch sehr schwierig, hochwertiges Chia-Öl zu kaufen. Wenn man fündig wird, sind Preise von rund 40 Euro für 250 ml des Öls in Bioqualität keine Seltenheit.

Chia-Grundrezepte und Anwendungstipps

Sicherlich hast du jetzt schon einen Eindruck davon bekommen, dass sich Chia auf verschiedenste Arten in deinen Speiseplan integrieren lässt. So wird dir das Maya-Nahrungsmittel nicht nur viel Energie schenken, sondern auch effektiv beim Abnehmen helfen. In eine gesunde Ernährung integriert, wirst du mit Chia bald tolle Erfolge verbuchen können und das, ohne dich schlapp oder hungrig zu fühlen. Wie du gesehen hast, sind der Fantasie bei der Verwendung von Chia keine Grenzen gesetzt. Ein paar einfache Grundrezepte geben dir im Folgenden zusätzliche Inspiration und lassen sich auch als Grundzutaten unserer leckeren Rezepte verwenden.

Chia-Gel

Chia-Gel ist eine Grundzutat für viele leckere Chia-Rezepte. Seine Herstellung ist mehr als einfach: Mische einfach 2 Esslöffel Chia-Samen mit etwa 250 Milliliter kaltem Wasser und stelle es in den Kühlschrank. Du wirst sehen, dass die Saat nach und nach quillt. Zwischendrin kannst du hin und wieder einmal umrühren, da die Körner gerne zusammenkleben. Nach etwa zwei Stunden ist eine gelartige Konsistenz erreicht. Besser ist es jedoch, dem Gemisch etwas mehr Zeit zu lassen und es zum Beispiel über Nacht stehen zu lassen. Das Gel kannst du zum Verfeinern von Joghurt, Suppen und vielen anderen Gerichten benutzen. Natürlich kannst du einen Löffel davon auch eine halbe Stunde vor den Mahlzeiten pur essen. Dann setzt bereits ein Sättigungsgefühl ein und du bist danach auch mit einer kleineren Portion deiner eigentlichen Mahlzeit zufrieden.

In beiden Schüsseln ist die gleiche Menge Chia. Links die puren, trockenen Samenkörner, rechts das daraus entstandende Chia-Gel. Das zeigt das Quellvermögen von Chia ganz besonders deutlich!

Ei- und Butter-Ersatz

Problemlos und ohne geschmackliche Einbußen kannst du beim Backen und Kochen in vielen Rezepten auch Chia-Gel einsetzen. Stelle dazu einfach ein etwas festeres Chia-Gel aus einem Esslöffel Samen und drei Esslöffeln Wasser her. Das nach circa 15 Minuten entstandene Gel kannst du dann einfach anstelle von einem Ei in deinem Rezept verwenden.

Auch Butter kannst du mit dem Gel in deinen Rezepten bis zur Hälfte ersetzen.

Nimm einfach statt 200 Gramm Butter nur 100 Gramm Butter und gib noch 100 Gramm Chia-Gel dazu.

Chia-Brotaufstrich

Das Chia-Gel kannst du auch prima mit anderen Flüssigkeiten wie zum Beispiel Brühe herstellen. So erhältst du einen würzigen Brotaufstrich oder kannst die Masse auch als kalorienarmes Topping für Nudeln oder Gemüse zum Beispiel mit selbst gemachter Tomatensoße verwenden.

Chia-Powerdrink

Für einen echten Powerdrink, dem Chia Fresca, der schon seit langer Zeit in Mexiko beliebt ist, füllst du einfach zwei Esslöffel Chia-Gel mit 300 ml Wasser auf. Füge etwas frischen Zitronen- oder Orangensaft und nach Belieben Honig hinzu. So erhältst du blitzschnell einen erfrischenden Powerdrink, der dir viel Energie für Sport oder Alltag schenken wird. Auch vor den Mahlzeiten oder als Snack genossen, wird er dir helfen, dein Hungergefühl im Zaum zu halten.

! Nicht vergessen: Viel, viel trinken!

Du solltest auf jeden Fall immer darauf achten, genügend zu trinken. Das hilft nicht nur deinem Stoffwechsel, sondern ist gerade in Verbindung mit Chia sehr wichtig. Bekommt dein Körper, insbesondere wenn du rohe Chia-Saat isst, nicht genügend Flüssigkeit, können die Samen ihre positive Wirkung nicht voll entfalten und es kann auch zu unangenehmer Verstopfung kommen. Für einen maximalen Positiveffekt solltest du also immer mindestens zwei Liter pro Tag trinken! Die Europäische Kommission empfiehlt eine Tages-Höchstdosis von 15 Gramm. Grundsätzlich sollte man Chia nach und nach in seine Ernährung integrieren und nicht zu viel auf einmal, nach dem Motto: »Viel hilft viel.« Du kannst aber mit der Zeit deine persönliche Dosis erhöhen und so viel Chia zu dir nehmen, wie du dich gut damit fühlst.

Die Chia-Kur zum Abnehmen, für mehr Fitness und Gesundheit

Um in deine Diät mit Chia einzusteigen oder dich einfach an eine gesündere Ernährung zu gewöhnen, kann dir eine Chia-Kur helfen. Dabei setzt du Chia als Drink und am besten zusammen mit unseren leckeren Chia-Rezepten ein, um deine Ernährungsgewohnheiten ohne quälenden Hunger langsam, aber wirkungsvoll umzustellen. Erste Ergebnisse wirst du bestimmt schon nach einer Woche mit der Chia-Kur sehen können!

Hierzu musst du zuerst einmal aus zwei Esslöffeln Chia (circa 15 Gramm) und 300 Milliliter Wasser Chia-Gel herstellen. Setze das Chia-Gel am besten bereits am Vortag zum Quellen über Nacht an. Damit das Gel nicht klumpt, ist es von Vorteil, während der Quellzeit auch mal umzurühren oder den verschlossenen Behälter zu schütteln.

Der Chia-Cocktail vor jeder Mahlzeit

Zum Frühstück:

Fülle etwa ein Drittel des Chia-Gels in ein Glas. Aufgefüllt wird das Ganze mit Wasser und dem Saft einer Zitrone. Du kannst auch variieren und zum Wasser einen Schuss Orangensaft oder einen anderen Saft deiner Wahl hinzugeben. Idealerweise frisch gepresst und ohne Zuckerzusatz.

Den Cocktail trinkst du am besten 15 Minuten vor dem Frühstück. Versuche auch deine Ernährung schon etwas umzustellen und auf Nutella, Weißmehl und Co. zu verzichten beziehungsweise dieses Mal ein kleineres Brötchen oder nur die Hälfte zu dir zu nehmen und dazu noch einen Joghurt oder einen Apfel.

Zum Mittagessen:

Bereite dir, wie schon zum Frühstück, einen Chia-Cocktail mit Wasser und etwas Saft zu und wähle danach ein leichtes Mittagessen. Wenn du gerne Kohlenhydrate essen möchtest, dann ist jetzt eine sehr gute Gelegenheit. Damit wird dein Körper am Mittag wesentlich besser fertig als mit einer großen Portion Pasta am Abend.

Zum Abendessen:

Auch vor dem Abendessen darf dein Chia-Cocktail nicht fehlen. Nimm ihn 15 Minuten vor dem eigentlichen Abendessen zu dir und du wirst sehen, dass du mit einer deutlich kleineren Portion auskommst. Falls es dir schwerfällt, gerade am Abend auf Naschereien zu verzichten, bereite dir eine gesunde Alternative zu: Mische einfach Chia-Samen mit Vanille-Sojamilch, lass das Gemisch etwas quellen und genieße einen leckeren Chia-Vanillepudding!

Die Chia-Kur – Jetzt geht's los!

Woche 1: Chia-Cocktail vor jeder Mahlzeit

In der ersten Woche integrierst du die Chia-Cocktails immer 15-20 Minuten vor deinen Mahlzeiten in deine Ernährung. Du wirst feststellen, dass du dich besser im Griff hast, nicht so hastig isst, weniger Heißhunger auf Süßes hast und die Mahlzeiten auch automatisch kleiner ausfallen, weil dein erster Hunger bereits gedämpft ist.

Woche 2: Chia-Cocktail vor jeder Mahlzeit und ein weiteres Chia-Gericht

Falls du dich mit der Dosis Chia in der ersten Woche gut gefühlt hast, kannst du zusätzlich in dieser Woche damit beginnen, ein Gericht aus unseren Chia-Rezepten in deine Ernährung einzuplanen oder Chia wie schon beschrieben als Ei- oder Butterersatz zu nutzen, über deinen Salat oder in dein Dressing zu streuen und so weiter. Wie wäre es zum Beispiel mit einem Chia-Pudding morgens oder mal als Zwischenmahlzeit? Leckere Rezepte findest du im Rezeptteil.
Falls du allerdings Beschwerden in der ersten Woche hattest, solltest du die Dosis von Chia reduzieren und nochmal Woche 1 wiederholen. Ganz wichtig – das kann man nicht oft genug erwähnen: Viel trinken!

Ab Woche 3: Chia-Cocktail vor jeder Mahlzeit und ein Low-Carb-Chia-Abendessen

Durch den natürlichen Sättigungseffekt von Chia sollte sich schon einiges an deinem Ernährungsverhalten, Körpergewicht und Energielevel geändert haben. Vielleicht hast du einfach weniger Lust darauf, Süßes oder Fettiges zu essen beziehungsweise sehr viel zu essen. Dein Stoffwechsel ist aktiviert, die Verdauung ist prima, du hast Lust auf Bewegung und bist trotz weniger essen sehr gut gelaunt und hast nicht das Gefühl, dass dir etwas fehlt.
Ab dieser Woche kannst du zusätzlich zu den Maßnahmen in Woche 1 und 2 am Abend kohlenhydratarme Speisen (Low-Carb) als letzte Mahlzeit des Tages zu dir nehmen. Die Rezepte, die dafür geeignet sind, sind bei den Nährwerten mit **LOW-CARB** (zum Beispiel unter 20 Gramm Kohlenhydraten pro Portion) gekennzeichnet.

Schlaf dich schlank – warum dich ein kohlenhydratarmes Abendessen bei deiner Abnahme sehr gut unterstützen kann

Einfach im Schlaf überflüssige Pfunde verlieren und morgens in Topform und bikinitauglich aufwachen, das wäre natürlich ideal! Ganz so leicht ist es zwar nicht, aber dennoch kannst du durch die richtige Zu-

sammensetzung deines Speiseplans schon einiges für deine Traumfigur tun.
Hierbei spielt insbesondere die richtige Verteilung von Kohlenhydraten und Eiweiß eine Rolle: Während es morgens sehr gut für deinen Körper sein kann, eine entsprechende Menge an Kohlenhydraten zu erhalten, wirken sie abends eher belastend und behindern dich beim Abnehmen. Besteht dein Abendessen aus Pasta, Pizza und Co. führt das dazu, dass dein Insulinspiegel stark ansteigt. Das Insulin im Körper verhindert, dass dein Körper über Nacht Fett verbrennen kann – schließlich kann er ja immer noch auf die Kohlenhydrate zurückgreifen, die du ihm kurz vor dem Schlafengehen dafür angeboten hast. Es gibt also gar keinen Grund, vorhandene Fettreserven anzutasten. Eine denkbar ungünstige Situation, wenn man abnehmen möchte.
Besser ist es deshalb, die Fettverbrennung, die über Nacht stattfindet, gezielt zu unterstützen. Ob dein Körper über Nacht für die nötige Energie, die er für seine Regenerationsprozesse braucht, auch tatsächlich auf vorhandene Fettpölsterchen zurückgreift, entscheidest du selbst mit deiner Abendmahlzeit!
Nimmst du am Abend eine eiweißreiche Mahlzeit zu dir, wird dein Körper die nötige Energie für Erholungs-, Erneuerungs- und Verdauungsprozesse aus dem gelieferten Eiweiß beziehen. Es ist wichtig, ihm deshalb eine ausreichende Menge davon zur Verfügung zu stellen, damit du am nächsten Tag fit und erholt durchstarten kannst. Überflüssiges Eiweiß wird dein Körper nicht in Form von Fettdepots einlagern, sondern sie zu Wärmeenergie umbauen. Auch dieser Umbau von Eiweiß in Wärme verbrennt Kalorien und trägt so aktiv zum Abnehmen bei.
Ideal ist es deshalb, dein Low-Carb-Abendessen zusätzlich noch mit Chia anzureichern. Chia enthält einen besonders hohen Anteil wertvollster Eiweiße und hilft damit gezielt deiner Erholung über Nacht und deinem Fettabbau.

Rezeptteil

Noch ein kurzer Hinweis für alle, die auch auf Kalorien und enthaltene Nährwerte wie Fettgehalt achten: Keine Angst vor gesunden Fetten!
Nach wie vor sind viele Menschen der Meinung, dass uns Fette automatisch dick machen. Doch lass dich davon nicht in die Irre führen! Viele pflanzliche, ungesättigte Fettsäuren, wie zum Beispiel aus Avocados, Nüssen oder Olivenöl, können dir sogar beim Abnehmen helfen. Sie halten dich nicht nur lange satt und beugen Heißhunger vor, sondern regen zum Beispiel durch das Enzym Lipase die Fettverbrennung zusätzlich an. Und natürlich sind sie ganz nebenbei auch noch lecker und bringen viele Mineralstoffe und Antioxidantien mit.

Chia-Pudding-Varianten

Grundrezept Chia-Pudding: Einfach selbst gemacht

Zutaten:

3 EL Chia-Samen
200 ml Flüssigkeit (z.B. Kuhmilch oder Alternativen wie Soja-, Mandel- oder Kokosmilch)
z.B. Honig, Ahornsirup, Vanille, Zimt oder brauner Zucker nach Geschmack

Zubereitung:

› Verrühre 3 Esslöffel Chia-Samen mit 200 ml Flüssigkeit deiner Wahl. Für einen cremig-leckeren Pudding eignen sich am besten normale Kuhmilch oder pflanzliche Milchalternativen deiner Wahl. In unserem Abnehmguru-Magazin erfährst du, wie du ganz einfach selbst Kokosmilch oder Mandelmilch herstellen kannst. Am besten probierst du aus, was dir am besten schmeckt oder worauf du heute am meisten Lust hast. Wichtig ist, dass du Chia und die Flüssigkeit gut verrührst, damit sich keine Klümpchen bilden.
› Lass die Mischung nun für mindestens 3 Stunden ruhen, sodass die Chia-Samen quellen können und schön weich werden. Besonders einfach ist es, die Chia-Mischung über Nacht im Kühlschrank aufquellen zu lassen. Am nächsten Morgen kannst du dann einen leckeren Pudding genießen.
› Verfeinern kann man den Chia-Pudding mit Zimt oder Vanille oder man kann ihn auch süßen mit Ahornsirup, Erithryt, Kokosblütenzucker, frischen Früchten oder Früchtepüree.
› Chia-Pudding kannst du auch problemlos vorbereiten und 1-2 Tage im Kühlschrank lagern.

Chia-Erdbeerpudding 1 Portion

Zutaten:

200 ml Mandelmilch
3 EL Chia-Samen
1 Msp. Bourbon-Vanille
100 g Erdbeeren

Zubereitung:

› Die 3 EL Chia und die Bourbon-Vanille in die Mandelmilch einrühren und mindestens 3 Stunden, besser über Nacht, quellen lassen.
› Erdbeeren pürieren und auf den Chia-Pudding geben.

Nährwerte pro Portion:

Brennwert	Fett	Kohlenhydrate	Protein
339 kcal	19,1 g	21,3 g	12,4 g

Chia-Schokotraum 1 Portion

Zutaten:

1 EL brauner Zucker
3 EL Chia-Samen
1 EL Kakaopulver
1 Prise Zimt
150 ml Sojamilch

Zubereitung:

› Alle trockenen Zutaten mischen.
› Die Sojamilch dazugeben und alles gut verrühren.
› Mindestens 3 Stunden kaltstellen, besser über Nacht.
› Vor dem Servieren nochmal gut durchrühren.

! **Tipp:** Schoko-Streusel oder Beeren als essbare Deko.

Nährwerte pro Portion:

Brennwert	Fett	Kohlenhydrate	Protein
381 kcal	20,5 g	21,5 g	18 g

Chia-Schokopudding 1 Portion

Zutaten:

2 EL Chia-Samen
50-100 ml Milch bzw. Milchalternativen wie Mandel-, Soja- oder Kokosmilch
1 TL Rohkakao
nach Bedarf 1TL Erythrit oder Kokosblütenzucker

Zubereitung:

› Die Chia-Samen in Milch(alternative) einrühren. Dabei so viel Flüssigkeit nehmen, bis die Chia-Samen leicht in der Flüssigkeit schwimmen.
› Kakaopulver dazugeben und unter die Chia-Samen rühren, bis es gleichmäßig verteilt ist.
› Nach Bedarf süßen: Entweder mit dem Low-Carb-Süßungsmittel Erythrit mit null Kalorien und keinen Kohlenhydraten oder mit der natürlichen Süße Kokosblütenzucker.
› Für ca. 10 Minuten stehen lassen, damit die Chia-Samen die Flüssigkeit aufsaugen, und dann genießen.

LOW-CARB-Nährwerte pro Portion:

Brennwert	Fett	Kohlenhydrate	Protein
146 kcal	7,2 g	9,5 g	8,9 g

Veganer Chia-Pudding 1 Portion

Zutaten:

200 ml Mandelmilch
1 TL Ahornsirup oder Agavendicksaft
1 TL Vanille
3-4 EL Chia-Samen
10 g Nüsse

Zubereitung:

› Fülle alle Zutaten in ein gut verschließbares Glas (z.B. ein Einmachglas). Die Mischung im verschlossenen Glas kräftig durchschütteln, bis alles gleichmäßig verteilt ist.
› Stelle das Glas mehrere Stunden oder am besten über Nacht in den Kühlschrank.
› Kurz vor dem Verzehr kannst du deinen Chia-Pudding erneut umrühren- sollte er dir zu fest geworden sein, kannst du noch ein wenig Mandelmilch zufügen, bis er die gewünschte Konsistenz hat.

Hinweis: Besonders lecker schmeckt der Chia-Pudding mit Nüssen, Beerenobst und Kokosflocken! Guten Appetit!

Nährwerte pro Portion:

Brennwert	Fett	Kohlenhydrate	Protein
387 kcal	22,5 g	27,3 g	13 g

Heidelbeeren-Chia-Traum 1 Portion

Zutaten:

200 ml Milch (oder Milchersatz wie z.B. Mandelmilch)
2 getrocknete Datteln
½ Banane
100 g Heidelbeeren
3 EL Chia-Samen
Essbare Dekoration nach Belieben: Mandelsplitter, Walnüsse, Minze, Heidelbeeren …

Zubereitung:

- Milch, Datteln, Banane und Heidelbeeren pürieren.
- Chia gut einrühren und mindestens 3 Stunden, besser über Nacht, im Kühlschrank quellen lassen.
- Nach Belieben mit Mandelsplittern, Minze, Heidelbeeren dekorieren.

Nährwerte pro Portion:

Brennwert	Fett	Kohlenhydrate	Protein
411 kcal	17,9 g	35,8 g	17,7 g

Brombeer-Amaretti-Chia-Schichtpudding 2 Portionen

Zutaten:

1 Banane
100 g Brombeeren (frisch oder gefroren)
¼ Apfel
100 ml Milch
10 Stück Amaretti
2 EL Chia-Samen

Zubereitung:

› Für die Chia-Schicht die Chia-Samen und 100 ml Milch in eine Schüssel geben und für mindestens 3 Stunden (am besten über Nacht) in den Kühlschrank stellen, gelegentlich umrühren.
› Banane mit dem Pürierstab pürieren und die aufgequollenen Chia-Samen dazugeben. Die Masse gut umrühren, damit sich keine Klümpchen bilden.
› Für die Brombeerenschicht die Brombeeren und geschälte Apfelviertel ohne Kerne in einem Mixer pürieren.
› Für die Amarettischicht die Amaretti grob zerbröseln.
› Den Pudding in Gläsern servieren:
› abwechselnd Amarattibrösel – Brombeercreme – Chia-Pudding in die Gläser schichten, zum Schluss mit ganzen Amaretti dekorieren.

Nährwerte pro Portion:

Brennwert	Fett	Kohlenhydrate	Protein
232 kcal	6,9 g	33,8 g	6,9 g

Frühstücksideen

Low-Carb-Superfood-Müsli 1 Portion

Zutaten:

30 g Sojaflocken
1 EL Mandelmus
1 EL Chia-Samen
1 EL Hanfsamen
200 ml Milch bzw. Milchalternativen wie Soja- oder Mandelmilch
ca. 50 g Himbeeren

Zubereitung:

› Einfach alle Zutaten zusammen verrühren und ca. 10 Minuten stehen lassen.

LOW-CARB-Nährwerte pro Portion:

Brennwert	Fett	Kohlenhydrate	Protein
474 kcal	28,4 g	17,5 g	30 g

Overnight-Chia-Oats 1 Portion

Zutaten:

50 g zarte Haferflocken
2 TL Chia-Samen
100 ml Wasser
100 ml Milch
1 Pflaume
1 Banane
1 EL Amaranth gepoppt
Zimt

Zubereitung:

› Haferflocken und 1 TL Chia-Samen mit Wasser und Milch in eine Schüssel geben und über Nacht in den Kühlschrank stellen und ziehen lassen.
› Am nächsten Morgen das Obst aufschneiden.
› Zimt in die Haferflocken einrühren und mit Früchten dekorieren.
› Dann mit restlichen Chia-Samen und Amaranth bestreut servieren.

Nährwerte pro Portion:

Brennwert	Fett	Kohlenhydrate	Protein
584 kcal	16,1 g	79,2 g	20,9 g

Guten-Morgen-Piña-Colada 1 Portion

Zutaten:

3 EL Chia-Samen
150 ml Orangensaft
150 g Sojajoghurt mit Kokos

Zubereitung:

› Die Chia-Samen in den Orangensaft einrühren und über Nacht im Kühlschrank quellen lassen.
› Am nächsten Morgen kräftig umrühren und den Sojajoghurt dazugeben.
› Essen und genießen.

LOW-CARB-Nährwerte pro Portion:

Brennwert	Fett	Kohlenhydrate	Protein
338 kcal	17,9 g	18,8 g	17,5 g

Smoothies / Shakes

Proteinshake mit Mango und Chia 2 Portionen (ergibt ca. ½ Liter)

Zutaten:

300 ml Milch
100 g Magerquark
½ Mango reif
2 EL Cashewkerne
12 g Chia-Samen
1 TL Reissirup/Agavendicksaft zum Süßen

Zubereitung:

› Alle Zutaten in einen Mixer geben. Wer keinen Hochleistungsmixer(Blender) hat, sollte die Cashewnüsse vorher klein hacken.
› 1 Minute mixen, fertig.
› Bei der Mango auf eine schöne Reife achten. Super als Frühstück – der Shake sättigt sehr gut. Da er eine sehr cremige Konsistenz hat, kann man ihn auch gut löffeln.

Nährwerte pro Portion:

Brennwert	Fett	Kohlenhydrate	Protein
235 kcal	8,9 g	22,95 g	14,5 g

Gemüse-Obst-Chia-Samen-Smoothie 1 Portion

Zutaten:

¼ Gurke
½ Zucchini
4 Minitomaten
ein paar Trauben
¼ Banane
¼ Apfel
20 g Chia-Samen
1 Spritzer Limette
Kräutertee

Zubereitung:

- Kräutertee aufgießen und abkühlen lassen.
- Gemüse und Obst waschen und mit Schale pürieren.
- Das Obst- und Gemüsepüree und die Chia-Samen mit dem Kräutertee mixen und genießen.

! **Tipp:** Die Banane und der Apfel geben dem Smoothie eine leichte Süße, die Chia-Samen den gesunden Kick!

Nährwerte pro Portion:

Brennwert	Fett	Kohlenhydrate	Protein
198 kcal	6,9 g	25,5 g	6,3 g

Tropical-Green-Chia-Smoothie 1 Portion

Zutaten:

3 Handvoll Spinat
½ Honigmelone
1 Passionsfrucht
1 TL Chia-Samen

Zubereitung:

› Den Spinat mit dem Obst zusammen mixen und die Chia-Samen zum Schluss dazugeben.

Nährwerte pro Portion:

Brennwert	Fett	Kohlenhydrate	Protein
238 kcal	4,3 g	29 g	12,8 g

Chia-Fresh-Fruit-Smoothie 1 Portion

Zutaten:

2 Nektarinen
1 große reife Banane
1 EL Chia-Samen
200 ml Wasser

Zubereitung:

› Nektarinen und Bananen schälen, klein schneiden und in den Mixer geben.
› 1 EL Chia-Samen und 200 ml Wasser hinzufügen und ordentlich durchmixen.
› Mit ein paar Eiswürfeln servieren.

Nährwerte pro Portion:

Brennwert	Fett	Kohlenhydrate	Protein
358 kcal	5,3 g	65,6 g	7,3 g

Brot

Chia-Knäckebrot Für ca. 8 Knäckebrote

Zutaten:

4 EL Chia-Samen
4 EL Leinsamen
4 EL Sesam
2 Eier
Prise Salz

Zubereitung:

› Den Backofen auf 160 °C Umluft vorheizen.
› Das Ei in einer Schüssel verquirlen.
› Chia, Leinsamen, Sesam und eine Prise Salz hinzugeben und alles gut vermischen. Auf ein mit Backpapier ausgelegtes Backblech die Masse dünn aufstreichen. Du kannst verschiedene Formen einzeln aufsetzen oder du streichst die Masse komplett auf. Dann solltest du aber die einzelnen Knäckebrote durch Schnitte trennen. Nach dem Backen ist das Durchschneiden nicht mehr problemlos möglich, ohne dass der Teig in Stücke zerbricht.
› Bei 160 °C werden die Knäckebrote dann für ca. 20 – 25 Minuten backen. Nach der Hälfte der Zeit einmal umdrehen. So werden sie von beiden Seiten schön kross.

! **Tipps:** Man kann das Knäckebrot auch in kleine Stücke krümeln und auf den Salat oder die Suppe als Croûtons-Alternative geben.
Eine süße Variante ist auch möglich: Die 2 Eier durch 1 Ei und 1 EL Akazienhonig/Honig/Agavendicksaft etc. ersetzen. So kann man sich süße Knabberknäcke machen oder z.B. als Topping auf Joghurt, Overnight-Oats oder den Obstsalat geben.

LOW-CARB-Nährwerte pro Knäckebrot:

Brennwert	Fett	Kohlenhydrate	Protein
98 kcal	7,7 g	1,09 g	5,3 g

Feines Vollkornbrot mit Chia 1 Brot (ca. 15 Scheiben)

Zutaten:

750 g Vollkornmehl (Weizen)
1 Würfel Hefe
1 TL Salz
1 TL gemahlener Piment
5 EL Chia-Samen
500 ml Wasser

Zubereitung:

› Den Backofen auf 200 °C vorheizen.
› Wasser, Hefe, Salz, Piment und Chia-Samen gut verrühren.
› Dann das Vollkornmehl dazumischen und den Teig gut durchkneten. Falls er noch sehr klebrig ist, einfach etwas Mehl hinzufügen und nochmal kräftig durchkneten.
› Einen runden Laib formen.
› Auf ein mit Backpapier ausgelegtes Backblech legen und auf mittlerer Schiene bei 200 °C etwa 45 Min. backen.

! **Tipp:** Dazu schmeckt Chia-Marmelade.

Nährwerte pro Scheibe:

Brennwert	Fett	Kohlenhydrate	Protein
188 kcal	2,53 g	30,19 g	7,4 g

Eiweißbrot mit Chia

Für ein Brot (Kastenform 25 cm, ca. 17 Scheiben)

Zutaten:

250 g Haferkleie
50 g Weizenkleie
1 Backpulver
2 EL Chia-Samen
40 g Sonnenblumenkerne
500 g Magerquark
5 Eier
Gewürze: Pfeffer, 1 TL Salz, Koriander, Kreuzkümmel, Kümmel, Zwiebelsalz

Zubereitung:

- Den Backofen auf 180 °C Heißluft vorheizen.
- Alle Zutaten vermengen und mit den Gewürzen abschmecken.
- Den Teig in eine Silikonbackform oder eine mit Backpapier ausgelegte Kastenform füllen.
- Auf den Brotteig kann man z.B. noch Sonnenblumenkerne und Chia aufstreuen und etwas andrücken.
- Im Backofen bei 180 °C für 50 Minuten backen.
- 10 Minuten auskühlen lassen und Brot auf ein Brett stürzen.

! **Tipps:** Das Brot sollte man innerhalb von 4 Tagen verbrauchen oder einen Teil direkt nach dem Auskühlen einfrieren.
Das Brot bereits in Scheiben geschnitten einfrieren. Mit dem Toaster geht das Auftauen noch schneller und das Brot schmeckt knusprig frisch.

LOW-CARB-Nährwerte pro Scheibe:

Brennwert	Fett	Kohlenhydrate	Protein
126 kcal	3,85 g	11,24 g	9,1 g

Sonnenblumenkerne-Chia-Brot

Für ein Brot (Kastenform 25 cm, ca. 17 Scheiben)

Zutaten:

1 Würfel frische Hefe
250 ml Wasser
1 AL Agavendicksaft oder Reissirup
200 g Dinkelvollkorn- oder Roggenvollkornmehl
150 g Roggenmehl Type 630 oder Dinkelmehl Type 1050
50 g Chia-Samen
60 – 70 g Sonnenblumenkerne
(wer es saftiger mag, geriebene Möhren)
10 g Salz
75 g Sauerteig (Seitenbacher)

Zubereitung:

› Den Hefewürfel mit dem Agavendicksaft oder Reissirup in ca. 10 EL lauwarmes Wasser so lange einrühren, bis er sich aufgelöst hat.

› Beide Mehlsorten (350 g zusammen) in eine backofenfeste Form oder einen Topf geben. Eine Mulde formen und die gelöste Hefe hineingießen, mit Mehl bedecken. Ein Baumwollküchentuch darüberlegen und 30 Minuten bei 40 °C in den Backofen stellen.

› Die Chia-Samen in 200 ml lauwarmen Wasser einweichen, einmal gut durchrühren und 20 Minuten quellen lassen.

› Nach den 30 Minuten das Mehl weiterverarbeiten mit Salz, den Chia-Samen und dem Sauerteig. Ca. 10 Minuten kneten, drücken, auf die Arbeitsfläche schlagen. Gut verarbeiten bis er glatt ist und eine schöne Konsistenz hat.

› Zum Backen kann man z.B. eine Silikon-Kastenform verwenden. Daraus löst sich das Brot ganz einfach. Man kann aber auch eine Blech-Kastenform mit Backpapier auslegen. Den Teig hineingeben und mit Wasser bestreichen. Die Form muss groß genug sein, damit der Teig sich verdoppeln kann. Weitere 45 Minuten bei 40 °C warm stellen.

› Dann Form herausnehmen und den Backofen auf 245 °C einstellen.

› Nach 10 Minuten eine feuerfeste Form mit 250 ml Wasser befüllen und auf den Boden des Ofens stellen. Wenn der Ofen bis zur richtigen Temperatur aufgeheizt ist, das Brot hineinstellen und bei 245 °C ca. 10 Minuten backen.

› Nach 10 Minuten die Backofentür kurz öffnen (Achtung Dampf!) und den Teig noch einmal mit Wasser bestreichen.

› Die Temperatur auf 210 °C verringern und weitere 50 Minuten backen.
› Nach der Hälfte der Backzeit kann man das Brot nochmal mit Wasser einpinseln.
› Nach der Backzeit den Ofen ausschalten und erst nach 5 Minuten leicht öffnen.
› Nach weiteren 10 Minuten ganz öffnen und nach 15 Minuten das Brot aus dem Ofen nehmen. Das Brot auf einem Gitter auskühlen lassen.

LOW-CARB-Nährwerte pro Scheibe:

Brennwert	Fett	Kohlenhydrate	Protein
118 kcal	2,42 g	17,1 g	4,96 g

Aufstriche / Dips

Schnelle Chia-Marmelade – Grundrezept

Zutaten:

200 g Früchte deiner Wahl
2 EL Chia-Samen
1 EL Honig

Zubereitung:

› Püriere das Obst in einem Mixer oder mit dem Pürierstab.
› Füge die Chia-Samen und den Honig hinzu und vermische alles gut miteinander.
› Fülle ein Marmeladenglas mit der Mischung, sodass noch etwas Luft zum Quellen bleibt. Lass deine Chia-Marmelade am besten über Nacht im Kühlschrank stehen.

! **Tipp:** Wenn du das Obst vorher aufkochst, dann lass es gut abkühlen, bevor du es mit den Chia-Samen vermischst. Mit gekochtem Obst ist die Marmelade etwas länger haltbar (ca. 7 Tage im luftdicht verschlossenen Marmeladenglas im Kühlschrank)

Nährwerte pro Gesamtmenge:

Brennwert	Fett	Kohlenhydrate	Protein
309 kcal	10 g	40,1 g	8,2 g

Chia-Lachs-Avocado-Aufstrich

Zutaten:

1 Avocado
1 Scheibe Lachs
1 TL Zitronensaft
Salz, Pfeffer,
Dekoration: 1 kleine Tomate, Kresse/Dill

Zubereitung:

› Avocadofleisch mit Gabel zerdrücken.
› Die Scheibe Lachs in kleine Stücke schneiden.
› Avocado und Lachs mit Zitronensaft vermischen. Mit Salz und Pfeffer abschmecken.
› Mit Tomatenscheiben und Kresse oder Dill garnieren.

! **Tipp:** Der Aufstrich schmeckt ganz toll auf dem Chia-Knäckebrot, auf Baguette, Vollkornbrot, als Häppchen mit runden Pumpernickel-Talern etc.

LOW-CARB-Nährwerte pro Gesamtmenge:

Brennwert	Fett	Kohlenhydrate	Protein
413 kcal	35,5 g	9,6 g	9,5 g

Würziger Chia-Dip

Zutaten:

2 TL Chia-Samen
80 ml Wasser
50 g getrocknete Tomaten
1-2 frische Tomaten
½ Avocado
½ TL Cayenne-Pfeffer
Pfeffer und Salz

Zubereitung:

› Rühre die Chia-Samen in das Wasser ein und lass sie 10-15 Minuten quellen.
› Schneide die getrockneten und frischen Tomaten und die ½ Avocado in kleine Stücke.
› Gib jetzt den Cayenne Pfeffer, die Tomaten- und die Avocadostücke zur Chia-Masse, gut verrühren und lass dem Gemisch ca. 3 Stunden Zeit zum Quellen.
› Schmecke alles mit Salz und Pfeffer ab und fertig ist dein super gesunder und leckerer Dip!

! **Tipp:** Falls dir der Dip zu stückig ist, kannst du ihn mixen, bis eine breiartige Masse entsteht.

LOW-CARB-Nährwerte für die Gesamtmenge des Dips:

Brennwert	Fett	Kohlenhydrate	Protein
299 kcal	19,8 g	15 g	9,4 g

Chia-Gerichte

Chia-Hirseauflauf
Mittlere Auflaufform für 2 Portionen

Zutaten:

200 ml Milch
Prise Vanille
5 g Butter
50 g Goldhirse
2 Eier
Prise Salz
Saft ½ Zitrone
1 EL Honig
150 g Magerquark
2 EL Chia-Samen
200 g Obst nach Wahl z.B. Äpfel

Zubereitung:

› Den Backofen auf 180 °C Umluft vorheizen.
› Die Milch gemeinsam mit der Vanille und der Butter in einem Topf aufkochen.
› Dann die Hirse dazugeben, nochmals aufkochen und 15 Minuten ziehen lassen.
› Eier trennen.
› Den Zitronensaft, die Prise Salz und Vanille mit den beiden Eigelben vermischen.
› Honig, Quark und Chia-Samen dazugeben und gut miteinander verrühren.
› Das Obst waschen und fein würfeln.
› Obst und Hirsemasse mit der Eigelbmasse vermischen.
› Eiweiß steif schlagen und unter den Hirsebrei heben.
› Dann die gesamte Masse in eine Auflaufform geben und bei 180° Umluft ca. 25 Minuten backen, bis sich die Oberfläche bräunt.

Nährwerte pro Portion:

Brennwert	Fett	Kohlenhydrate	Protein
445 kcal	16,75 g	46,35 g	9,2 g

Obst- und Gemüsesushi mit Chia Für 2 Rollen

Zutaten:

150 g Naturreis
ca. 250 ml Wasser

Obstsushi
1 TL Chia-Samen
½ Banane
Obst nach Wahl (Apfel, Pflaume, Erdbeere ...)

Gemüsesushi
1 TL Chia-Samen
2 EL Frischkäse
Gemüse und Salat nach Wahl (Karotten, Gurke, Rucola ...)
Salz, Pfeffer und Gewürze nach Belieben

Zubereitung:

› Den Naturreis im Wasser aufkochen und dann bei niedriger Hitze ca. 25 Minuten ziehen lassen, bis er gar ist.
› Wenn der Reis leicht abgekühlt ist, die eine Hälfte mit einer zerdrückten halben Banane und die andere Hälfte mit 2 EL Frischkäse verrühren. Je 1 TL Chia-Samen untermischen. Das Obst und das Gemüse in Stücke bzw. Spalten schneiden.
› Dann die Bananen-Reismasse rechteckig auf eine Frischhaltefolie streichen. Das Obst im ersten Drittel der Reisfläche senkrecht in einer Linie auflegen. Den Reis mit Hilfe der Frischhaltefolie über die Obstmischung rollen, bis eine Art Sushi-Rolle entsteht.
› Beim Gemüsesushi ist der Vorgang der Gleiche, zuvor kann gerne noch mit Curry, Chili, Salz und Pfeffer etc. gewürzt werden.
› Beide Rollen dann für ca. 1 Stunde in den Gefrierschrank legen, damit die Reisrolle schneidfähig wird. Wenn es soweit ist, die Reisrolle in ca. 2 cm dicke Scheiben schneiden und genießen.

Nährwerte pro Rolle (Obstsushi):

Brennwert	Fett	Kohlenhydrate	Protein
438 kcal	7,3 g	77,95 g	11,55 g

Chia-Pfannkuchen Für ca. 6 Pfannkuchen

Zutaten:

125 g Mehl
250 ml Sojamilch
2 EL Agavendicksaft
1 Prise Salz
1 Msp. Backpulver
1 Ei oder 1 EL Apfelmus
20 g Chia-Samen
Öl zum Herausbacken

Zubereitung:

› Alle Zutaten vorsichtig miteinander verrühren und kalt stellen. Nach einer halben Stunde den Teig umrühren und eine weitere halbe Stunde stehen lassen.

› Nach also ungefähr 1 Stunde kann man den Teig in kleinen Portionen herausbacken.

! **Tipp:** Zu den leckeren Pfannkuchen schmeckt sehr gut frisches Obst oder Chia-Marmelade.

Nährwerte pro Pfannkuchen:

Brennwert	Fett	Kohlenhydrate	Protein
160 kcal	5,52 g	21,2 g	5,39 g

Chia-Protein-Pancakes 1 Portion

Zutaten:

120 g Magerquark
20 g Vollkornmehl
10 g Chia-Samen
1 Ei
1-2 EL Milch
etwas Mandelmus (10 g)
Früchte wie z.B. Erdbeeren
Butter, Öl oder Kokosöl zum Backen

Zubereitung:

› Alle Zutaten in einer Schüssel vermischen und ca. 10 Minuten ziehen lassen.
› In einer Pfanne mit etwas Butter oder Öl von beiden Seiten ausbacken.
› Mit Mandelmus und Früchten servieren.

LOW-CARB-Nährwerte pro Gesamtmenge:

Brennwert	Fett	Kohlenhydrate	Protein
325 kcal	14,6 g	18,00 g	27,6 g

Chia-Topfenknödel Für 8 Knödel

Zutaten:

Topfenknödel-Masse
250 g Magerquark
130 g Vollkornmehl
1 Ei
40 g Kokosöl/Butter
Prise Salz
1 EL Chia-Samen

Füllung:
8 Erdbeeren/8 Marillen

Brösel:
etwas Vollkornbrösel
Zimt
2 EL Kokosblütenzucker
1 EL Kokosöl

Zubereitung:

› Alle Zutaten für die Topfenknödel-Masse gut miteinander vermischen, kurz kalt stellen und im Kühlschrank für ca. 15 Minuten ziehen lassen.
› Füllung nach Wahl vorbereiten.
› Dann den Teig in 8 Portionen aufteilen. Je ein Teigstück in die Hand nehmen und etwas flach drücken. In die Mitte eine Erdbeere/Marille setzen und dann den Teig darüberlegen. Zwischen den Händen zu einer Kugel formen.
› In der Zwischenzeit einen breiten Topf mit Wasser und einer Prise Salz aufstellen und aufkochen.
› Dann die Knödel in das kochende Wasser geben und ca. 15 Minuten darin ziehen lassen, bis alle Knödel an die Oberfläche steigen.

› Für die Brösel das Kokosöl in einer Pfanne erhitzen, Brösel, Zimt und Zucker dazugeben und gut durchrühren, damit nichts anbrennt.
› Die gekochten Knödel in den Bröseln wälzen und servieren.

LOW-CARB-Nährwerte pro Knödel:

Brennwert	Fett	Kohlenhydrate	Protein
181 kcal	7,9 g	9,74 g	7,98 g

Chia-Zucchini-Möhren-Puffer 2 Portionen

Zutaten:

1 mittelgroße Zucchini
200 g Möhren
1 EL Zitronensaft
2 EL gehackte Petersilie
2 Eier
*2 EL gemahlene Chia-Samen**
Salz, Pfeffer
Rapsöl oder Omega-3-Öl

Für den Kräuterquark:
250 g Magerquark
2-3 EL Milch/oder Mineralwasser mit wenig Kohlensäure
4 EL Schnittlauch und Kresse oder andere Kräuter nach Wahl, Salz und Pfeffer

* *Chia gemahlen = Ei-Ersatz (1 EL Chia gemahlen + 4 EL Wasser = 1 Ei)*

Zubereitung:

› Zucchini und Möhren waschen und putzen, grob raspeln.
› Die Gemüseraspel mit Zitronensaft, Petersilie, Eier und gemahlenen Chia-Samen vermischen, mit Salz und Pfeffer abschmecken.
› Öl erhitzen, Teigportionen in die Pfanne geben und etwas flachdrücken, von beiden Seiten knusprig braten.
› Den Quark mit der Milch oder dem Mineralwasser glatt rühren, Kräuter und Salz und Pfeffer zufügen.

! **Tipp:** Tolle Alternative zu Kartoffelpuffern. Schmeckt auch mit Apfelmus.

LOW-CARB-Nährwerte pro Portion:

Brennwert	Fett	Kohlenhydrate	Protein
315 kcal	14 g	16,45 g	27,35 g

Gemüsesuppe mit Rinderhack 6 Portionen

Zutaten:

2 große Zwiebeln
Knoblauchzehe nach Geschmack
2 große Möhren (ca. 240 g)
4 Stangen Sellerie
2 mittelgroße Zucchini (ca.500 g)
1 Glas Kichererbsen ca. 265 g Abtropfgewicht
1 TL Olivenöl
600 g mageres Rinderhack
1,5 l natriumarmen Gemüsesaft + ½ l Wasser
400 g stückige Tomaten
3 EL Chia-Samen
Sojasauce

Gewürze:
Kreuzkümmel
Kurkuma
Koriander
Nach Geschmack auch:
Oregano, Curry, Ingwerpulver oder Cayenne
Salz/Pfeffer

Zubereitung:

› Das Gemüse vorbereiten: Zwiebeln und Knoblauch schälen und in Würfel schneiden.
› Möhren schälen und in Scheiben hobeln.
› Sellerie von Fäden befreien und klein schneiden.
› Zucchini waschen und in Scheiben schneiden.
› Kichererbsen in ein Sieb abgießen und abspülen, abtropfen lassen.
› Hackfleisch im Öl erhitzen und ca. 5 Minuten scharf anbraten evtl. etwas Sojasauce dazugeben.
› Dann Hackfleisch in eine Schüssel geben und das vorbereitete Gemüse in den Topf füllen, unter Rühren bei mittlerer Hitze anbraten. Dabei entstehen nicht nur ein toller Duft, sondern auch wertvolle Röststoffe für den Geschmack.
› Gemüsesaft, Wasser, die stückigen Tomaten, Chia-Samen, Fleisch und Kichererbsen zufügen. Hitze reduzieren und 30 Minuten köcheln lassen.
› Experimentiere mit Gewürzen.

! **Tipp:** Mischung aus Kurkuma, Kreuzkümmel, edelsüßer Paprika, Chilifäden und weißem Pfeffer.

› Vor dem Servieren 1 TL Chia-Samen über die Suppe geben.
› Zum Aufbewahren im Kühlschrank Suppe vollständig auskühlen lassen.

! **Tipps:** 1 TL Chia-Samen als knuspriges Topping auf jeden Teller Suppe.
Wenn die Suppe für eine Person ist, ergibt dieses Rezept ca. 6 Portionen. Im Rahmen einer Protein Diät, kann man drei Tage mittags und abends davon essen. Sie regt den Stoffwechsel an und schmeckt sehr gut.
Man kann die Suppe auch ohne Fleisch zubereiten z.B. als kalorienarme Vorspeise, die den ersten Hunger bereits dämpft.

Nährwerte pro Portion mit Rindfleisch:

Brennwert	Fett	Kohlenhydrate	Protein
420 kcal	18,33 g	26,42 g	31,55 g

Nährwerte pro Portion ohne Rindfleisch:

Brennwert	Fett	Kohlenhydrate	Protein
213 kcal	4,33 g	26,32 g	11,05 g

Chia-Samen treffen auf Kichererbsen und Spargel 2 Portionen

Zutaten:

125 g Couscous
150 ml Gemüsebrühe
125 g Kichererbsen aus der Dose
250 g grünen Spargel
1 EL Olivenöl
Salz
2 TL Chia-Samen
15 g Pistazien
1 El getrocknete Cranberrys
1 Avocado
100 g Naturjoghurt
Zitronensaft, Salz, Pfeffer
Paprikapulver geräuchert, Tomatensalz

Zubereitung:

› Couscous in eine Schüssel geben und mit der heißen Gemüsebrühe übergießen. Beiseitestellen und quellen lassen.

› Die Kichererbsen in ein Sieb geben und gut abspülen.

› Den Spargel waschen und das untere Ende abschneiden. Danach den Spargel ungefähr ⅓ schälen und in Scheiben schneiden.

› Das Olivenöl in einer Pfanne erhitzen und die Spargelstücke dazugeben, um sie kräftig anzubraten.

› Danach die Kichererbsen in die Pfanne geben und ebenfalls mit anbraten. Das Gemüse mit Tomatensalz und Pfeffer würzen.

› Die Avocado halbieren, den Kern entfernen und das Fruchtfleisch auslöffeln und in eine Schüssel geben.

› Fruchtfleisch, Joghurt, Salz, Pfeffer und Zitrone mit einer Gabel vermengen.

› Die Mandeln in einer Pfanne ohne Fett anrösten.

› Spargel, Kichererbsen und Cranberries mit dem Couscous vermischen. Chia-Samen unterheben.

› Danach die Couscous-Gemüsepfanne auf 2 Tellern anrichten und Avocadocreme dazu servieren.

Nährwerte pro Portion:

Brennwert	Fett	Kohlenhydrate	Protein
659 kcal	31,15 g	64,45 g	21,65 g

Chia-Samen-Tuna-Patty mit Mangocreme 3 Portionen

Zutaten:

Reisbett:
125 g Naturreis
1 TL Sesamöl

Patty-Masse:
1 Avocado
1 Dose Thunfisch im eigenen Saft
2 Eier
1 EL Dinkelflocken
3 TL Chia-Samen
Salz, Pfeffer, Chiliflocken
1 Zitrone
½ Bund Koriander
1 EL Olivenöl zum Herausbacken

Sauce:
1 kleine Mango
150 g Naturjoghurt
1 TL Sesamkerne

Zubereitung:

› Den Reis in einem Topf mit gesalzenem Wasser kochen.
› Die Avocado in einer Schüssel mit einer Gabel zerdrücken.
› Danach den abgetropften Thunfisch, Eier, Dinkelflocken und die Chia-Samen beimischen. Die Mischung gut mit Salz, Pfeffer, Chili und Zitronensaft (nach Belieben) würzen, den kleingeschnittenen Koriander unterrühren.
› Die Mango schälen und mit einem Mixer zu einer homogenen Masse mixen. Danach das Joghurt dazugeben und ebenfalls mit Salz und Pfeffer würzen.
› Sesamkerne unterrühren und die Soße beiseitestellen.
› Nun eine Pfanne mit 1 EL Olivenöl erhitzen und zwei große Esslöffel der Patty-Mischung in die Pfanne fließen lassen.
› Von beiden Seiten schön anbraten bis diese leicht gebräunt sind. Den Vorgang wiederholen bis ca. 4 Patties gebraten wurden.
› Dem Reis ein wenig Sesamöl zugeben und auf 2 Teller verteilen. Danach die Patties auf die Reisunterlage legen, mit der Mango-Joghurt-Creme garnieren und servieren. Eventuell noch ein wenig Zitronenscheiben dazu reichen.

Nährwerte pro Portion:

Brennwert	Fett	Kohlenhydrate	Protein
542 kcal	25,7 g	48,9 g	24,23 g

Chia-Pizzabrötchen

Für 2 kleine Pizzaböden mit ca. 15 -20 cm Durchmesser

Zutaten:

1 EL Sonnenblumenkerne
1 EL Kürbiskerne
1 EL Chia-Samen
2 EL Buchweizen-Mehl
Salz, Oregano
mind. 2 EL Wasser

Belag nach Wahl:
Tomatenmark, Lachsschinken/Schinken, Champignons, Tomaten, Rucola, Käse

Zubereitung:

› Den Backofen auf 180 °C Heißluft vorheizen.
› Sonnenblumenkerne und Kürbiskerne hacken.
› In eine Schüssel geben und mit allen weiteren Zutaten gut vermischen.
› Falls die Masse mit 2 EL Wasser noch sehr trocken ist, einfach etwas Wasser hinzugeben.
› Auf ein mit Backpapier ausgelegtes Backblech Pizzabrötchen formen (eine Kugel formen und dann sehr flach drücken oder mit einem kleinen Teigroller rollen).
› Die Pizzabrötchen dann 10-15 Minuten bei 180 °C backen.
› Tomatenmark aufstreichen und nach Wunsch belegen.

! **Hinweis:** Buchweizenmehl hat einen ganz eigenen Geschmack. Gerne kann man auch mit Vollkornmehlen wie z.B. Roggenvollkornmehl arbeiten, sollte dann aber 1 TL Backpulver hinzugeben.

LOW-CARB-Nährwerte für die Gesamtmenge der Pizzabodenteigs (2 Stück):

Brennwert	Fett	Kohlenhydrate	Protein
315 kcal	14 g	16,45 g	27,35 g

Chia-Omelette 1 Portion

Zutaten:

2 Eier
1 EL Chia-Gel
1 Scheibe Schinken
Olivenöl zum Herausbacken

Gemüse nach Belieben:
2 große Champigons
1 EL rote Paprika
1 EL Zucchini
Salz, Pfeffer

Zubereitung:

› Die Eier mit dem Chia-Gel gut verrühren.
› Den Schinken und das Gemüse klein schneiden. Schinken, Paprika und Zucchini z.B. in Würfeln, die Champignons in Scheiben.
› Diese Zutaten zur Ei-Chia-Mischung geben, alles gut vermengen und 15 Minuten quellen lassen.
› In einer Pfanne Olivenöl erhitzen, die Eimasse hineingeben.

› Nach ca. 5 Minuten, sobald die untere Seite gut fest geworden und leicht angebräunt ist, das Omelette wenden. Bratzeit ca. 10-15 Minuten.

LOW-CARB-Nährwerte pro Portion:

Brennwert	Fett	Kohlenhydrate	Protein
257 kcal	14,3 g	5,1 g	23,2 g

Fleischlose Frikadellen-Alternative mit Chia ca. 15 Stück

Zutaten:

800 g Kartoffeln
2 Karotten mittelgroß
200 g Sellerie/Stangensellerie
2 Frühlingszwiebeln
1 Bund Petersilie
2-3 EL Dinkelvollkorn- oder anderes Vollkornmehl
1 EL gemahlene Chia-Samen
Salz, Pfeffer, Muskatnuss
Öl zum Braten

Zubereitung:

› Kartoffeln in der Schale weich kochen. Danach schälen und entweder durch die Kartoffelpresse drücken oder zerstampfen.
› Die Karotten grob reiben, Sellerie oder Stangensellerie (von den »Haaren« befreien) klein würfeln.
› Die Frühlingszwiebeln in feine Ringe schneiden.
› Petersilie waschen, trocknen und klein hacken
› Kartoffelmasse, Gemüse, Vollkornmehl und Chia-Samen verrühren und mit den Gewürzen abschmecken.
› Öl in der Pfanne erhitzen und in der Zwischenzeit kleine Frikadellen aus dem Teig formen.
› Die »Frikadellen« von jeder Seite 5 Minuten anbraten bis sie schön braun und kross sind.

! **Tipp:** Dazu schmeckt Frühlingsquark

LOW-CARB-Nährwerte pro Stück:

Brennwert	Fett	Kohlenhydrate	Protein
67 kcal	0,93 g	11,37 g	2,39 g

Rendezvous auf internationaler Ebene – Griechischer Feta und die Heilsamen der Maya
3 Portionen

Zutaten:

Basilikum-Sauce:
½ Bio-Zitrone
½ Bund Basilikum
1 Knoblauchzehe
1 EL Pinienkerne
1 EL Chia-Gel
3 EL Olivenöl
Salz, Pfeffer

Couscous:
125 g Couscous
1 kleine rote Zwiebel
1 EL Olivenöl

Linsenbällchen:
100 g Tellerlinsen
1 Knoblauchzehe
4 Stiele Thymian
½ Bund Petersilie (etwas Petersilie für die Deko aufbewahren)
40 g Semmelbrösel
1 TL Chia-Samen
1 Ei
75 g Feta
Salz, Pfeffer, evtl. Chiliflocken
4 EL Rapsöl

Deko: Petersilie / ein wenig Kresse

Zubereitung:

› Linsen nach Packungsanweisung garen. Dies dauert ungefähr 50 Minuten.
› Für die Basilikum-Chia-Soße:
› Die Zitrone heiß waschen, trocknen und die Schale abreiben, danach halbieren und auspressen.
› Basilikum waschen und trockenschütteln.
› 1 Knoblauchzehe schälen und mit dem Basilikum in ein hohes Gefäß geben.
› Pinienkerne, 1 EL Chia-Gel und 3 EL Olivenöl hinzufügen. Mit einem Stabmixer fein pürieren und die Zitronenschale untermischen.
› Mit dem Zitronensaft, Salz und Pfeffer abschmecken.

Couscous-Zubereitung:

› Den Couscous nach Packungsanweisung garen lassen.
› Zwiebeln und Knoblauch in 1 EL Olivenöl anbraten.
› Couscous dazu in die Pfanne geben und warm stellen.

Linsenbällchen:

› 1 Knoblauchzehe schälen und fein hacken.
› Thymian und Petersilie waschen und klein schneiden.
› Die abgetropften und abgekühlten Linsen mit den Semmelbröseln, 1 TL Chia-Samen, dem Ei, Knoblauch, Thymian und Petersilie verkneten.
› Feta zerbröseln und unterheben.

› Danach die Masse mit Salz und Pfeffer abschmecken und mit den Händen kleine Bällchen formen. Wer es etwas schärfer mag, mischt den Linsenbällchen noch Chili hinzu.
› In einer Pfanne 4 EL Rapsöl erhitzen und die Linsenbällchen darin knusprig braten.
› Servieren:
› Den Couscous auf 2 Teller geben, jeweils gleich viel Linsenbällchen darauf garnieren. Dann die Basilikum-Chia-Soße darauf verteilen und mit der restlichen Petersilie und der Kresse dekorieren.

! **Tipp:** Nach Geschmack kann nochmals ein wenig Zitronensaft auf das komplette Gericht verteilt werden.

Nährwerte pro Portion:

Brennwert	Fett	Kohlenhydrate	Protein
504 kcal	30,96 g	35,83 g	17,23 g

Zucchini-Chia-Pizza

Für 2 Pizzaböden mit Durchmesser 15-20 cm

Zutaten:

1 Zucchini
1 EL Chia-Gel
75 g Quark
1 Ei
Salz, Pizzagewürz
Nach Belieben belegen z.B. mit Tomatenmark, Lachsschinken, Schinken, Thunfisch, Paprika, Zwiebeln, Champignons, etwas Parmesan, Mozzarella

Zubereitung:

› Den Ofen auf 180 °C Heißluft vorheizen.
› Die Zucchini raspeln. Mit einem Küchentuch gut ausdrücken. So wird der Zucchini-Teig dann beim Backen gut fest.
› Zucchini, Chia-Gel, Quark, Ei, eine Prise Salz und wer möchte Pizzagewürz hinzugeben und vermengen.
› Die Pizzaböden auf einem mit Backpapier ausgelegtem Blech formen, z.B. ein halbes Blech oder zwei kleine runde Pizzataler.
› Für ca. 15 Minuten im Backofen bei 180 °C Heißluft vorbacken.
› Dann herausnehmen, mit Tomatenmark bestreichen und nach Wunsch belegen.
› Für weitere 10- 15 Minuten in den Backofen schieben und mit Belag fertig backen.

LOW-CARB-Nährwerte Pizzaboden Gesamtmenge:

Brennwert	Fett	Kohlenhydrate	Protein
241 kcal	9,4 g	11 g	23,6 g

Soulfood-Wrap mit Chia-Samen Für 2 Wraps

Zutaten:

200 g Seidentofu
2 gehäufte EL Ajvar
Salz, Pfeffer
2 EL gemischte Kerne
2 TL Chia-Samen
eine Handvoll Rucola
½ Salatgurke
4 mittlere Tomaten
2 große Weizentortillas

Zubereitung:

› Den Ofen auf 200 °C Umluft vorheizen.
› Den Tofu mit dem Ajvar in einem hohen Behälter mit einem Stabmixer pürieren.
› Danach kräftig mit Salz und Pfeffer abschmecken und die Chia-Samen untermischen. Tofupaste beiseitestellen.
› Die Kerne in einer Pfanne kurz anrösten.
› Den Rucolasalat waschen und trocken tupfen.
› Ebenfalls die Gurke und die Tomaten waschen. Danach beides in kleine Würfel schneiden.
› Tortilla in einer Pfanne ohne Fett ungefähr 3 Minuten von beiden Seiten erwärmen. Herausnehmen und mit der Hälfte der Tofucreme bestreichen. Wichtig hierbei ist, dass ein Rand von 3 cm gelassen wird.
› Danach das Gemüse und den Salat darauf verteilen.
› Linken und rechten Rand zur Mitte klappen. Unteren Rand darüber klappen und den Wrap aufrollen.
› Genau gleich mit dem zweiten Wrap verfahren.
› Danach beide Wraps für 5-10 Minuten bei 200 °C in den Backofen geben.

Nährwerte pro Portion:

Brennwert	Fett	Kohlenhydrate	Protein
373 kcal	15,55 g	38,6 g	12,9 g

Hähnchenbrustfilet mit Tomaten-Chia-Dip 2 Portionen

Zutaten:

Tomaten-Chia-Dip:
2 TL Walnüsse
40 getrocknete in Öl eingelegte Tomaten
1,5 EL Chia-Gel
3 EL Naturjoghurt
Salz, Pfeffer

Hähnchenbrustfilet und Beilage:
ca. 200-250 g Hähnchenbrustfilet
1 EL Olivenöl
Paprikagewürz
Chilisalz
1 Beutel Weizenkörner (125 g)
½ Bund Blattpetersilie
40 g geriebenen Parmesan

Zubereitung:

Tomaten-Chia-Dip:

› Walnüsse, getrocknete Tomaten und Chia-Gel mit einem Mixer zu einer homogenen Masse vermengen.
› Danach Joghurt unterrühren und mit Salz und Pfeffer würzen.

Hähnchenbrustfilet und Beilage:

› Hähnchenbrustfilet abwaschen und abtupfen.
› Eine Pfanne mit 1 EL Olivenöl erhitzen.
› Hähnchenbrust in die Pfanne geben und von beiden Seiten stark anbraten.
› Danach mit Chilisalz und Paprikagewürz würzen. Deckel auf die Pfanne geben und das Hähnchen bei mittlerer Hitze garen.
› Derweil den Kochbeutel mit Weizenkörnern in reichlich kochendem Salzwasser nach Packungsanweisung garen. Schließlich abgießen und abtropfen lassen.
› Die Petersilie in grobe Stücke hacken und den Parmesan reiben.
› Weizenkörner aus dem Beutel nehmen, mit Salz und Pfeffer würzen und auf einem Teller anrichten.
› Hähnchenbrustfilet darüber geben und mit Parmesan und Petersilie bestreuen. Danach den Teller mit dem Tomaten-Chia-Dip garnieren.

Nährwerte pro Portion:

Brennwert	Fett	Kohlenhydrate	Protein
564 kcal	22,8 g	43,1 g	44,3 g

Paprika mit Quinoa-Füllung 2 Portionen

Zutaten:

1 große rote Paprika
120 g Quinoa
1 EL Chia-Samen
2-3 EL Wasser
Salz, Pfeffer, Thymian
1 Cocktailtomate
3-4 Champignons
Petersilie
1 EL geriebener Parmesan
(oder gerne auch anderer Käse)
300 g passierte Tomaten

Zubereitung:

- Bei 160 °C Heißluft den Backofen vorheizen.
- Das Quinoa in ein feinmaschiges Sieb geben und unter fließendem Wasser durchspülen.
- Quinoa und Chia in eine Schüssel geben, 2 EL Wasser dazu und dann quellen lassen (nach Bedarf noch 1 EL Wasser mehr zugeben, die Masse sollte aufquellen, aber kein Wasserrückstand mehr vorhanden sein), ca.15 Minuten Quellzeit.
- Paprika waschen, aufschneiden und entkernen.
- Die Cocktailtomate, Champignons und Petersilie klein schneiden.
- Die Tomatenwürfel, Petersilie und ca. 1 EL Champignonwürfel zur Chia-Quinoa-Mischung geben. Mit Salz, Pfeffer und Thymian würzen und danach in die Paprikahälften einfüllen.
- Den geriebenen Parmesan darauf streuen.
- Back- oder Auflaufform ausfetten, die passierten Tomaten hineingeben. Jetzt noch die restlichen Champignons dazu, gerne auch noch Kräuter, evtl. würzen.
- Die gefüllten Paprikahälften einsetzen und für 30-35 Minuten im Backofen backen.
- Die Oberfläche der Füllung wird sehr knusprig. Wer das nicht möchte, kann von den passierten Tomaten etwas über die Füllung geben. Dann bleibt die Füllung eher weich.

Nährwerte pro Portion:

Brennwert	Fett	Kohlenhydrate	Protein
351 kcal	6,45 g	53,8 g	15,4 g

Fingerfood

Proteinreiche Chia-Muffins 4 Muffins

Zutaten:

300 g Magerquark
2 Eier
40 g Leinmehl
2 EL Chia-Samen

Zubereitung:

› Den Backofen auf 160 °C Umluft vorheizen.
› Quark und Eier gleichmäßig miteinander vermengen.
› Leinmehl und Chia-Samen unterrühren.
› Die Masse in Muffinförmchen füllen und ca. 35 Minuten bei 160° im Ofen backen.

LOW-CARB-Nährwerte pro Muffin:

Brennwert	Fett	Kohlenhydrate	Protein
143 kcal	6,27 g	3,87 g	16,85 g

Chia-Eier-Muffins 4 Muffins

Zutaten:

130 g frischer Spinat
3 Eier
4 Cocktailtomaten
1 EL Chia-Samen
1 TL getrocknete Zwiebeln
1 TL Currypulver
Salz
Pfeffer

Zubereitung:

› Den Backofen auf 180 °C Umluft vorheizen.
› Den Spinat in einen Topf mit etwas kochendem Wasser geben und zusammenfallen lassen, das dauert ein paar Minuten.
› Die Eier in einer Schüssel aufschlagen und verquirlen.
› Inzwischen die Tomaten waschen und klein schneiden.

› Chia-Samen, Tomaten, getrocknete Zwiebeln, Currypulver, Salz und Pfeffer zu den verquirlten Eiern geben und untermischen.
› Dann den Spinat ebenfalls zur Eimasse geben.
› Die Mischung in Muffinförmchen geben und bei 180 °C ca. 30 Minuten backen, bis die Eimasse stockt und sich leicht bräunt.

LOW-CARB-Nährwerte pro Muffin:

Brennwert	Fett	Kohlenhydrate	Protein
88 kcal	5,25 g	2,2 g	6,92 g

Lachsschinken-Ei-Törtchen

Für 6 Stück/ Herz-Muffinförmchen

Zutaten:

18 Scheiben Lachsschinken ca. 150 g (pro Form 3 Stück)
4 Eier
1 EL Chia-Samen
2 EL Schnittlauch
2 EL Paprika
Salz, Pfeffer

Zubereitung:

› Den Backofen auf 160 °C Heißluft vorheizen.
› Die Muffinförmchen mit Lachsschinken auslegen.
› Die Eier mit Chia vermischen und kurz quellen lassen.
› Den Schnittlauch in kleine Röllchen schneiden, die Paprika klein würfeln.
› Alles vermengen und mit Salz und Pfeffer würzen.
› Die Eiermasse in die Förmchen füllen und 10-15 Minuten bei 160 °C backen. Die Eiermasse sollte schön fest sein.

! **Tipp:** Wer Lachsschinken nicht mag, kann es z.B. mit Kochschinken ausprobieren. Die Förmchen dann jeweils mit einer halben Scheibe Schinken auslegen.
Natürlich kann man auch den Schnittlauch gegen andere Kräuter wie z.B. Petersilie austauschen oder einfach andere Gemüsesorten dazu verwenden.

LOW-CARB-Nährwerte pro Stück:

Brennwert	Fett	Kohlenhydrate	Protein
94 kcal	5,4 g	1,18 g	9,9 g

Pikante Low-Carb-Chia-Cracker

Für ein Blech und ca. 20 Stück

Zutaten:

60 g Chia-Samen
50-100 ml Wasser
60 g Leinsamen
40 g Sonnenblumenkerne
40 g Sesam
1 Prise Salz und Pfeffer
2 TL Basilikum
2 TL Oregano

Zubereitung:

› Den Backofen auf 150 °C Heißluft vorheizen.

› Die Chia-Samen in etwas Wasser aufquellen lassen (nur so viel Wasser nutzen bis die Chia-Samen bedeckt sind).

› Das Chia-Gel mit Leinsamen, Sesam und Sonnenblumenkernen gleichmäßig vermischen.

› Die körnige Masse mit Basilikum und Oregano (oder anderen Gewürzen nach Wahl) sowie etwas Salz und Pfeffer und eventuell auch Chili (wer es schärfer mag) würzen.

› Die Masse auf ein mit Backpapier belegtes Blech gleichmäßig verteilen und ca. 30 Minuten bei 150 °C backen.

› Nach ca. 30 Minuten (wenn die Masse fest genug ist) in gleichmäßige Rechtecke bzw. Cracker schneiden.

› Die Cracker dann noch einmal von der anderen Seite für ca. 25 min backen.

Nährwerte pro Blech:

Brennwert	Fett	Kohlenhydrate	Protein
980 kcal	68,6 g	28,4 g	45,9 g

LOW-CARB-Nährwerte pro Stück (bei 20 Stück pro Blech):

Brennwert	Fett	Kohlenhydrate	Protein
49 kcal	3,43 g	1,42 g	2,29 g

Zucchini-Chia-Chips Für ein Blech

Zutaten:

1 Zucchini
1 EL Chia-Gel
1 EL Olivenöl
Nach Belieben würzen – Vorschläge Variationen: Salz, Pfeffer, Rosmarin oder Salz, süße und scharfe Paprika oder Tomatengewürz usw.

Zubereitung:

› Den Backofen auf 150 °C Umluft vorheizen.
› Zucchini in dünne Scheiben hobeln.
› Die Zucchinischeiben, das Chia-Gel und das Olivenöl zusammen mit den Gewürzen sorgfältig umrühren.
› Auf ein mit Backpapier belegtes Backblech großflächig verteilen
› ca. 35-40 Minuten bei 150° C backen und mehrmals wenden. Die Zucchinischeiben sollten möglichst nicht übereinanderliegen. Dann werden sie schön knusprig.

! **Tipp:** Am besten sofort nach dem Backen verzehren.
Dieses Rezept lässt sich z.B. auch mit Süßkartoffeln durchführen.

LOW-CARB-Nährwerte für ein Blech:

Brennwert	Fett	Kohlenhydrate	Protein
242 kcal	17,8 g	7,2 g	8,2 g

Thunfisch-Chia-Taler 6 Stück

Zutaten:

½ Zwiebel
Kräuter wie z.B. Petersilie
1 Dose Thunfisch (in Wasser eingelegt)
1 Ei
2 EL Frischkäse light
1 TL mittelscharfer Senf
1 EL Chia-Gel
Pfeffer

Zubereitung:

› Den Backofen 160 °C Umluft vorheizen.
› Die Zwiebel in kleine Würfel schneiden. Petersilie hacken.
› Jetzt alle Zutaten gut vermischen und mit etwas Pfeffer abschmecken. Salz sollte nicht nötig sein, da der Thunfisch den salzigen Geschmack mit sich bringt.
› Auf ein mit Backpapier ausgelegtes Backblech Kleckse der Masse aufsetzen.
› Die Taler 25-30 Minuten bei 160 °C backen, bis sie eine leicht bräunliche Farbe haben.

LOW-CARB-Nährwerte pro Stück:

Brennwert	Fett	Kohlenhydrate	Protein
56 kcal	1,77 g	0,83 g	8,55 g

Herzhafte Low-Carb-Chia-Muffins Für 8 Stück

Zutaten:

1 große Tomate
4 große Eier
2 Esslöffel Chia-Samen
4 Eiweiß
1 mittelgroße Zwiebel
ca. 300 g junger Spinat
2 Esslöffel klein geschnittene Petersilie
Salz und Pfeffer zum Abschmecken

Zubereitung:

› Heize den Ofen auf 180 °C Heißluft vor.
› Eier, Chia-Samen und die 4 Eiweiße in eine Schüssel geben und sorgfältig verquirlen.
› Schneide die Zwiebel und den Spinat klein und füge alle Zutaten zu den Eiern hinzu und vermische alles miteinander.
› Fülle die Masse in Muffinförmchen und backe sie für ca. 30 Minuten im Ofen.

! **Hinweis:** Du kannst diese leckeren Muffins sowohl warm als auch kalt servieren.

LOW-CARB-Nährwerte pro Stück:

Brennwert	Fett	Kohlenhydrate	Protein
77 kcal	4 g	2,39 g	8,87 g

Süße Ideen / Power-Snacks

Chia-Erdnuss-Riegel ohne Backen Für ca. 10 Riegel

Zutaten:

15 g Kokosöl
35 g Erdnussbutter (ohne Zuckerzusatz)
50 g Banane
20 g Chia-Samen
20 g gepuffter Quinoa
20 g gepuffter Amaranth
30 g Sojaflocken

Zubereitung:

› Kokosöl und Erdnussbutter kurz erwärmen bis es cremig ist.
› Banane pürieren und unter die Kokosöl/Erdnussbutter Masse rühren.
› Alle anderen Zutaten nach und nach hinzufügen.
› Eine flache Auflaufform mit Frischhaltefolie abdecken und die Masse ca. 1 cm dick in die Form drücken. Mindestens 2 Stunden kühl stellen.
› Anschließend aus der Form nehmen und in Riegel schneiden.

! **Hinweis:** Kühl aufbewahrt und in Folie verpackt halten sich die Riegel mindestens 3 Tage.

LOW-CARB-Nährwerte pro Stück:

Brennwert	Fett	Kohlenhydrate	Protein
76 kcal	4,89 g	4,31 g	3,35 g

Chia-Powerballs ca. 15 Stück

Zutaten:

3 EL Mandelmus
1 EL Honig
ca. 30 g Kakaopulver (ungesüßt)
1 TL Vanille
ca. 30 g Chia-Samen
ca. 100 g glutenfreie Haferflocken
ca. 30 g Schokoladenstückchen aus Zartbitterschokolade (>75%)

Zubereitung:

› Das Mandelmus und den Honig in einer kleinen Pfanne schmelzen und vermischen.
› Kakaopulver und die Vanille einrühren.
› Chia-Samen und Haferflocken in einer Schüssel vermengen und dann die Schokoladen-Mandelmusmischung eingießen.
› Mit den Händen gut verkneten und die Mischung für 5-10 Minuten in den Kühlschrank stellen, um sie abkühlen zu lassen.
› Hacke in der Zwischenzeit die Zartbitterschokolade zu kleinen Stückchen und mische sie in den Teig.
› Aus der süßen Masse kleine Bällchen formen und fertig sind deine Chia-Powerballs!

! **Tipp:** Am besten in einem verschlossenen Container im Kühlschrank aufbewahren.

LOW-CARB-Nährwerte pro Stück:

Brennwert	Fett	Kohlenhydrate	Protein
74 kcal	3,82 g	6,53 g	2,59 g

Chia-Haferflocken-Waffeln 5 Waffeln

Zutaten:

60 g Haferflocken
20 g Chia-Samen
50 ml Eiklar
100 g Magerquark
50 ml Milch
Mark einer Vanilleschote
Süßungsmittel nach Wahl

Zubereitung:

› Alles vermischen und in einem Belgischen Waffeleisen backen.
› Falls der Teig zu dick ist, kann man nach Gefühl noch etwas Milch dazugeben.

LOW-CARB-Nährwerte pro Waffel:

Brennwert	Fett	Kohlenhydrate	Protein
88 kcal	2,34 g	9,16 g	6,32 g

Vegane Chia-Bananen-Apfel-Riegel 12 Riegel

Zutaten:

230 g Haferflocken
170 g Apfelmark
1 Banane
3 TL Chia-Samen
2 El Sojamilch
1 Prise Zimt
30 g getrocknete Früchte (Cranberries, Rosinen …)

Zubereitung:

› Den Backofen auf 180 °C Umluft vorheizen.
› Alle Zutaten vermischen.
› Auflaufform (ca. 23 cm) einfetten oder mit Backpapier auslegen.
› Die Teigmasse aufstreichen und die Trockenfrüchte aufdrücken. Bei 180 °C ca. 12 Minuten backen.

! **Hinweis:** Kühl lagern, dann sind sie im geschlossenen Behälter ca. 7 Tage lang haltbar.

LOW-CARB-Nährwerte pro Riegel:

Brennwert	Fett	Kohlenhydrate	Protein
108 kcal	2,15 g	17,07 g	3,4 g

Chia-Biskuitroulade

Für eine kleine Rolle / 2 Portionen

Zutaten:

Biskuit:
3 Eier
2 EL Zucker
2 EL Weizenvollkornmehl
1 EL gemahlene Mandeln
1 Prise Salz

Marmelade:
125 g Erdbeeren/Himbeeren (TK oder frisch)
2 TL Chia-Samen
Prise Vanille
1 TL Honig nach Bedarf

Zubereitung:

› Den Backofen auf 180 °C Umluft vorheizen.
› Eier trennen. Das Eiweiß mit einer Prise Salz steif schlagen, nach und nach den Zucker einrieseln lassen. So lange schlagen, bis die Eiweißmasse steif und glänzend ist.
› Dann die 3 Eigelb und das Mehl vorsichtig unterheben.
› Den Teig mit einer Teigkarte auf ein mit Backpapier ausgelegtes Blech streichen und für ca. 10 Minuten in den Ofen geben.
› In der Zwischenzeit die (aufgetauten) Früchte mit einer Gabel zu feinem Mus verarbeiten und die Chia-Samen und die Vanille unterrühren. Wenn die Marmelade zu wenig süß ist, etwas Honig dazu geben.
› Den fertigen Biskuitboden auf ein Handtuch stürzen und noch warm mit der Chia-Marmelade bestreichen. Dann den Biskuit vorsichtig einrollen.

Nährwerte für Biskuitrolle gesamt:

Brennwert	Fett	Kohlenhydrate	Protein
526 kcal	24,8 g	42,9 g	27,4 g

Strawberry-Chia-Frozen-Yoghurt 4 Portionen

Zutaten:

400 g tiefgefroreren Erdbeeren
200 g frische Erdbeeren
3 TL Chia-Samen
400 g Naturjoghurt
3 EL Honig
1 Mango
2 Maracujas
Agavendicksaft nach Belieben

Zubereitung:

› Die gefrorenen Erdbeeren in einen Mixer geben und pürieren bis eine homogene, cremige Masse entsteht.
› Danach das Joghurt, die frischen Erdbeeren und den Honig dazugeben und noch einmal mixen.
› Die Joghurt-Erdbeermischung in einen Plastikbehälter füllen und in das Tiefkühlfach geben. Hierbei ist nun zu beachten, dass man die Masse regelmäßig umrühren sollte, damit sich keine Kristalle bilden. (ca. 3 Stunden)
› Kurz vor dem Servieren die Mango schälen, in Stücke schneiden und pürieren.
› Das Fruchtfleisch der beiden Maracujas mit einem Löffel auslöffeln und unter die Mangomischung heben. Danach die Chia-Samen in die Mischung rühren und ca. 15 Minuten ruhen lassen.
› Zum Anrichten die Fruchtmischung in einer Spiegelform auf den Teller geben, Eis in Würfelform darüberlegen und mit Minze und Agavendicksaft dekorieren.

Nährwerte pro Stück:

Brennwert	Fett	Kohlenhydrate	Protein
170 kcal	1,8 g	28,27 g	7,6 g

Chia-Himbeereis 6 Portionen

Zutaten:

25 g Chia-Samen
125 ml Sojamilch
60 g Banane
180 g Soja-Joghurt
90 g Himbeeren (TK)
(Süßungsmittel nach Bedarf: Honig, Agavendicksaft usw.)

Zubereitung:

› Chia-Samen zunächst mindestens 30 Minuten in der Sojamilch aufquellen lassen.
› Den Joghurt mit der Banane pürieren.
› Die Chia-Samen-Masse unter die Jogurt-Bananen-Mischung rühren. Kurz abschmecken: Wem es noch nicht süß genug ist, gibt noch etwas Süßungsmittel dazu!
› Himbeeren unterheben, portionsweise in Eisförmchen füllen und mindestens 2 Stunden ins Gefrierfach stellen.

LOW-CARB-Nährwerte pro Stück:

Brennwert	Fett	Kohlenhydrate	Protein
57 kcal	2,58 g	4,2 g	3,32 g

Rezeptregister

Bild- und Rezeptnachweise

Bildnachweise:
Chia-Pflanze, S. 10: © Shakzu / Fotolia.com
Chia-Cocktail, S. 27: © Shakzu / Fotolia.com
Chia-Erdbeerpudding, S. 32: © sarsmis / Fotolia.com
Chia-Schokotraum, S. 32: © A Lein / Fotolia.com
Chia-Schokopudding, S. 33: Nadin Schatter, fitnessfood4u
Veganer Chia-Pudding, S. 33: © Rozmarina / Fotolia.com
Heidelbeeren-Chia-Traum, S. 34: © lieselfuchs / Fotolia.com
Brombeer-Amaretti-Chia-Schichtpudding, S. 35: Elena Akkuratova
Low-Carb-Superfood-Müsli, S. 36: Nadin Schatter, fitnessfood4u
Overnight-Chia-Oats, S. 36: © minadezhda / Fotolia.com
Guten-Morgen-Piña-Colada, S. 37: Kathrin Kirleis
Proteinshake mit Mango und Chia, S. 37: Daniela Metko
Gemüse-Obst-Chia-Samen-Smoothie, S. 38: © aidart / Fotolia.com
Tropical-Green-Chia-Smoothie, S. 39: Nadin Schatter, fitnessfood4u
Chia-Fresh-Fruit-Smoothie, S. 39: Chantals&Nadines #Foodporn
Feines Vollkornbrot mit Chia, S. 41: Kathrin Kirleis
Eiweißbrot mit Chia, S. 42: Daniela Metko
Sonnenblumenkerne-Chia-Brot, S. 43: Daniela Metko
Schnelle Chia-Marmelade, S. 44: © Heike Jestram / Fotolia.com
Würziger Chia-Dip, S. 45: © JJAVA / Fotolia.com
Chia-Hirseauflauf, S. 46: © ott / Fotolia.com
Obst- und Gemüsesushi mit Chia, S. 47: Julia Poeschko
Chia-Pfannkuchen, S. 48: Kathrin Kirleis
Chia-Protein-Pancakes, S. 48: © timolina / Fotolia.com
Chia-Topfenknödel, S. 49: Julia Poeschko
Chia-Zucchini-Möhren-Puffer, S. 50: Daniela Metko
Gemüsesuppe mit Rinderhack, S. 51: Daniela Metko
Chia-Samen treffen auf Kichererbsen und Spargel, S. 52: Ann-Kathrin Klopscheck
Chia-Samen-Tuna-Patty mit Mangocreme, S. 53: Ann-Kathrin Klopscheck
Fleischlose Frikadellen-Alternative mit Chia, S. 56: Daniela Metko
Rendevous auf internationaler Ebene, S. 57: Ann-Kathrin Klopschek
Soulfood-Wrap mit Chia-Samen, S. 59: Ann-Kathrin Klopschek
Hähnchenbrustfilet mit Tomaten-Chia-Dip, S. 60: Ann-Kathrin Klopschek

Proteinreiche Chia-Muffins, S. 62: Nadin Schatter, fitnessfood4u
Chia-Eier-Muffins, S. 62: Julia Poeschko
Pikante Low-Carb-Chia-Cracker, S. 64: Nadin Schatter, fitnessfood4u
Herzhafte Low-Carb-Chia-Muffins, S. 66: © zi3000 / Fotolia.com
Chia-Erdnuss-Riegel ohne Backen, S. 67: Chantals&Nadines #Foodporn
Chia-Powerballs, S. 68: © Joana Kruse / Fotolia.com
Chia-Haferflocken-Waffeln, S. 69: Chantals&Nadines #Foodporn
Vegane Chia-Bananen-Apfel-Riegel, S. 69: Chantals&Nadines #Foodporn
Chia-Biskuitroulade, S. 70: Julia Poeschko
Strawberry-Chia-Frozen-Yoghurt, S. 71: Ann-Kathrin Klopscheck
Chia-Himbeereis, S. 72: Chantals&Nadines #Foodporn

Rezeptenachweise:
Chia-Schokopudding, S. 33: Nadin Schatter, fitnessfood4u
Veganer Chia-Pudding, S. 33: Karla Hettesheimer
Brombeer-Amaretti-Chia-Schichtpudding, S. 35: Elena Akkuratova
Low-Carb-Superfood-Müsli, S. 36: Nadin Schatter, fitnessfood4u
Overnight-Chia-Oats, S. 36: Julia Poeschko
Guten-Morgen-Piña-Colada, S. 37: Kathrin Kirleis
Proteinshake mit Mango und Chia, S. 37: Daniela Metko
Gemüse-Obst-Chia-Samen-Smoothie, S. 38: Sabine Münzberg
Tropical-Green-Chia-Smoothie, S. 39: Nadin Schatter, fitnessfood4u
Chia-Fresh-Fruit-Smoothie, S. 39: Chantals&Nadines #Foodporn
Feines Vollkornbrot mit Chia, S. 41: Kathrin Kirleis
Eiweißbrot mit Chia, S. 42: Daniela Metko
Sonnenblumenkerne-Chia-Brot, S. 43: Daniela Metko
Schnelle Chia-Marmelade, S. 44: Karla Hettesheimer
Würziger Chia-Dip, S. 45: Karla Hettesheimer
Chia-Hirseauflauf, S. 46: Julia Poeschko
Obst- und Gemüsesushi mit Chia, S. 47: Julia Poeschko
Chia-Pfannkuchen, S. 48: Kathrin Kirleis
Chia-Protein-Pancakes, S. 48: Julia Poeschko
Chia-Topfenknödel, S. 49: Julia Poeschko
Chia-Zucchini-Möhren-Puffer, S. 50: Daniela Metko
Gemüsesuppe mit Rinderhack, S. 51: Daniela Metko
Chia-Samen treffen auf Kichererbsen und Spargel, S. 52: Ann-Kathrin Klopscheck

Chia-Samen-Tuna-Patty mit Mangocreme, S. 53: Ann-Kathrin Klopscheck
Fleischlose Frikadellen-Alternative mit Chia, S. 56: Daniela Metko
Rendevous auf internationaler Ebene, S. 57: Ann-Kathrin Klopschek
Soulfood-Wrap mit Chia-Samen, S. 59: Ann-Kathrin Klopschek
Hähnchenbrustfilet mit Tomaten-Chia-Dip, S. 60: Ann-Kathrin Klopschek
Proteinreiche Chia-Muffins, S. 62: Nadine Schatter, fitnessfood4u
Chia-Eier-Muffins, S. 62: Julia Poeschko
Pikante Low-Carb-Chia-Cracker, S. 64: Nadin Schatter, fitnessfood4u
Herzhafte Low-Carb-Chia-Muffins, S. 66: Karla Hettesheimer
Chia-Erdnussriegel ohne Backen, S. 67: Chantals&Nadines #Foodporn
Chia-Powerballs, S. 68: Karla Hettesheimer
Chia-Haferflocken-Waffeln, S. 69: Chantals&Nadines #Foodporn
Vegane Chia-Bananen-Apfel-Riegel, S. 69: Chantals&Nadines #Foodporn
Chia-Biskuitroulade, S. 70: Julia Poeschko
Strawberry-Chia-Frozen-Yoghurt, S. 71: Ann-Kathrin Klopscheck
Chia-Himbeereis, S. 72: Chantals&Nadines #Foodporn

Danksagung

Wir möchten uns ganz herzlich bei folgenden Personen für Ihre Mitwirkung am Rezeptteil dieses Buches bedanken:

Vielen Dank für eure tollen Rezepteinsendungen über das Abnehmguru-Magazin:
Julia Poeschko, Daniela Metko, Kathrin Kirleis, Ann-Kathrin Klopscheck, Sabine Münzberg, Antonia Noll.

Wir freuen uns auch ganz besonders über die Mitwirkung von

Bloggerin Nadin von Fitnessfood4u – healthy food for sporty people
In ihrem Blog auf https://fitnessfood4u.wordpress.com und auf Facebook zeigt sie euch Rezeptideen und wunderschöne Food-Fotos.

Chantals & Nadines #Foodporn – Leckere, gesunde Fitness-Küche für Fitnessfreaks
Die sympathischen Mädels zeigen dir ihre leckeren Ideen auf Facebook, YouTube und Instagram **#chantalnadinesfoodporn**

Karla Hettesheimer von Karla's Pound Attack: www.poundattack.de
Karla ist studierte Sportwissenschaftlerin und Personal-Trainerin. Auf ihrem Blog, Facebook- und YouTube-Kanal dreht sich alles um die Themen Fitness und Abnehmen.

Über die Autorin

Veronika Pichl ist die Gründerin des Abnehmguru-Verlags, zu finden unter www.abnehmguru.de. Die Autorin schreibt praktische und hilfreiche Ratgeber zu den Themen Abnehmen, Ernährung, Bewegung und Glücklichsein. Zahlreiche nützliche und erprobte Tipps und abwechslungsreiche Rezepte begleiten die Leser auf ihrem Weg zu einer positiven Veränderung.

In ihrem Online-Magazin www.abnehmguru-magazin.de gestalten die Leserinnen und Leser mit: Sie werden regelmäßig eingeladen, neue Produkte zu testen und ihre Erfahrungen mit der Communitiy zu teilen.

Nach dem Motto »We Love Chia« hat Veronika Pichl den Blog www.chiaguru.de ins Leben gerufen. Hier dreht sich alles um die wertvollen Samen der Chia-Pflanze. Die Seite gibt Informationen, News und Tipps zu den gesunden kleinen Kraftpaketen. Und natürlich gibt es wieder jede Menge leckere, unkomplizierte Rezepte.